格子外面

寬廣無限

格子外面

寬廣無限

occupied sche

Sabbath ~~hurry~~ slowing

Simplicity

to-do list

Silence / solitude

more more more

John Mark Comer
約翰・馬克・寇默 著

田育慈 譯

跟耶穌學安靜

戒除空虛的忙碌，活出輕省負軛的人生

The Ruthless Elimination of Hurry
How to Stay Emotionally Healthy and Spiritually Alive
in the Chaos of the Modern World

耶穌說：

凡勞苦擔重擔的人，
可以到我這裡來，
我就使你們得**安息**。
我心裡柔和謙卑，
你們當負我的軛，
學我的樣式；
這樣，你們心裡就必得享安息。
因為我的軛是**容易的**，
我的擔子是輕省的。

馬太福音十一 28-30

謹獻給

達拉斯 · 魏樂德
Dallas Willard

中場休息

III　　放慢生活步調的四個操練

從耶穌身上，
你可以學到什麼？

人們常說自己願學像耶穌，立志想從耶穌身上學到東西，但一不小心，往往學偏了而不自知。

有人「只」想從耶穌身上學當個「領袖」，結果學偏了，變得凡事不服人、凡事聽不進人的意見，因為總覺得自己才是頭；也有人「只」想從耶穌身上學「說話」，覺得能用言語影響眾人好酷啊！於是成天滔滔不絕地講，忽略了要聆聽別人的聲音；也有人「只」想從耶穌身上學「智慧」，雖熟讀耶穌教訓人時所強調的真道，但久而久之不自覺的自視甚高，開始覺得別人都沒有智慧、看別人都是世間小學。

想模仿耶穌的領袖風範、說話方式、智慧言論，這當然都很好，都沒有錯，但一不小心學偏了、激了，就會落得畫虎不成。其實，耶穌身上值得我們學習的特點何其多！其中，「安靜」便是一個。耶穌固然是個領袖，但是祂也很懂得安靜，很善於聆聽，如同祂在井邊靜靜聆聽婦人說話那般；耶穌固然很會演說，但祂也懂得安靜，如同祂有時講完

後獨自離開眾人獨處那般；耶穌固然很有智慧，但祂也教我們要謙卑，不要一天到晚自視過高。

這本《跟耶穌學安靜》看起來是教我們「安靜」，但卻可以讓我們活得更像個領袖、說話更有影響力、更有謙卑自省的智慧。懂得安靜，何等重要！讓我們一起學「安靜」吧！

——施以諾
作家、輔大醫學院教授

你忙對地方了嗎？

我常常問弟兄姊妹：「你忙對地方了嗎？」在生活中，忙碌的工作、事工、社交生活是必需的嗎？還是我們的忙碌是為了逃避某些不想面對的人、事、物的藉口？

本書的作者先點出「匆忙」所帶來的問題，透過一個個實際的例子，檢視我們自己是否也犯了同樣的問題。接著再提供我們解決的方法，並提出實際可執行的四個操練，讓我們重新回到神所賜的安息裡。如同我常說的，神樂意跟我們建立關係，而不是匆匆就過去了。安息，不但讓我們能更加明白神的心意，還能使我們的生活更加輕省。快來「跟耶穌學安靜」吧！讓耶穌的教導，成為我們生活的實際！大力推薦！

——李協聰
101 教會執行牧師、鷹計畫 Mission Eagle 先知性團隊建造負責人

別在匆忙中放棄了
真正的人生

我認識一個人,他的聰明和善良,無人能出其右。他曾經隨手寫下他對匆忙的看法;我猜,在他過世的時候,他家的廚房裡仍然貼滿了這些字條。字條上寫道:「匆忙(hurry)與過度倉促或突發狀況有關;而猛力投擲(hurl)、跨欄賽跑(hurdle)、喧擾(hurly-burly)和颶風(hurricane),都是匆忙(hurry)的同類相關詞。」他對匆忙的定義是「面對無力勝任、恐懼、愧疚而陷入瘋狂努力的狀態」。

匆忙,其實是**待辦事項太多**!擺脫匆忙的好處,除了讓人心情愉悅之外,還能讓人以冷靜而有效的方式,帶著力量和喜樂,去完成真正重要的事情。他又寫道:「我們應當以此為目標,活出全然從容不迫的人生;我們應當打定主意,徹底排除匆忙。一天的難處一天擔就夠了。」

我們應當在腦海中形成一幅畫面,是我們在整體環境所處的位置,並且帶到上帝面前。這會讓我們擁有不同的視

野。詩篇二十三章可沒說：「上帝是我的牧者，我必須加速奔跑。」牧羊人幾乎不奔跑，至少，優秀的牧羊人不做這種事。祂說，重要的是：首先要排除你「非做不可」的事情，不要害怕「什麼都不做」；其次，排定「什麼都不做」的時段，並且跟「無事可忙的恐慌」好好相處，允許自己停留在那種恐慌中，去體會它從你身上輾壓而過的感覺，而不要設法解決。

約翰·馬克·寇默為這個時代寫下了預言。他性格迷人、為人坦率、博學多聞、有趣謙和，引導我們來到這個時代的重大十字路口，選擇放棄匆忙的生活步調。這個選擇的可怕程度，不亞於初世紀古人承諾一生貧窮。這是信心的行為，為的是積聚更豐厚的財寶在世界的另一頭。在遇見這位「讓匆忙從自己的生活中悄然退場」的人時，我們的人生將會受到啟發，進而產生出另一種可能性。

這本書中有太多俯拾可得的智慧深深觸動我：「最糟糕的狀態……都在匆忙時刻」、「愛、喜樂、平安與匆忙無法並存」、「iPhone 使用者無論性別，平均一天觸摸手機 2,617 次」，相反的，詩篇十六章第 8 節說：「我將耶和華常擺在我面前。」試想，如果上帝以我觸摸手機的頻率觸摸著我的心思意念，我的人生會是什麼樣子？然而，獲得自由，必須付出重大代價。約翰·馬克已為他的選擇付出代價；而他所追求的生活，遠比他所付出的一切更有價值。同時，他對其中的掙扎和抉擇瞭若指掌，所以，對於心靈飢渴的人而言，最能夠說中他們的心情。

兩千年前有一位智者曾經說過：「要愛惜光陰（善加運用時間），因為現今的世代邪惡。」（以弗所書五章16節）我以前認為這句話的重點在於指出感官和肉體的誘惑。這自然是不爭的事實。但我現在認為這句話主要的目的是在提醒我們：務必及時活出自己想要的人生。我們對平庸的屬靈生活過於習以為常，日日活在怒氣、恐懼、自我關注和亢奮中，最終在匆忙中放棄了真正的人生。

　　這本書的每一頁，都在向我們發出重大的邀請。大家不妨做個深呼吸，擱下手機，放慢心跳。至於這個世界，就讓上帝來接管。

　　　　　　　　　　——約翰・奧伯格 John Ortberg

各界佳評

「約翰‧馬克‧寇默是一位極具才華的領導者、講者和作家。你將在書中讀到許多明智建言。」

——甘力克 Nicky Gumbel
倫敦聖三一布朗普頓教會牧師

「從未有任何世代，比當前世代更需要像這樣的書。約翰‧馬克的文字為過度工作和勞累的靈魂寫了一帖補救良方。」

——傑若米和奧黛麗‧羅洛夫 Jeremy and Audrey Roloff
《紐約時報》暢銷書《A Love Letter Life》作者

「約翰‧馬克‧寇默給了教會一份禮物。這本書具有預言性、實用性和深刻的生命意義。他對速度至上的偶像崇拜提出質疑，這樣的崇拜造成太多的情緒和關係創傷，為此，他提供了一條前進之路，為美好生活創造了希望、渴望和願景。」

——喬恩‧泰森 Jon Tyson
紐約城市教會主任牧師、《The Burden Is Light》作者

「對於『匆忙症』太過熟悉的我，非常需要這本書。」

——斯卡特‧哈里森 Scott Harrison
《紐約時報》暢銷書《Thirst》作者

「這本書令人耳目一新、充滿活力、衝擊現有體制。文筆自然流暢、敘事引人入勝，向這個時代發出預言性的警訊。」

——皮特‧葛瑞格 Pete Greig
24-7 禱告運動創始人
英國吉爾福德以馬忤斯之路教會主任牧師

「約翰‧馬克‧寇默的坦率直言引導我們重新思考自己的生活方式：如果我們不徹底消除忙碌，最後被消滅的，或許是我們的靈魂。這本書將啟發你做出艱難卻實際的選擇，進而徹底改變你的軌跡，讓你變得更好。」

——加布里‧昂斯 Gabe Lyons
Q Ideas 總裁

「事實證明，在這個以科技和行事曆為主導的文化中，跟隨耶穌的人要活出健康靈性和心理相當困難。在書中，作者分享了一個實用、個人且有挑戰性的呼籲，讓我們想像生活中可以效法耶穌的新方式。」

——提姆‧麥基 Tim Mackie
Bible Project 聯合創始人

「人好；書更好！」

——鮑伯‧戈夫 Bob Goff
暢銷書《為自己的人生做點事》
以及《為愛做點傻事》作者

「對於文化中忙碌和匆忙的問題，約翰‧馬克在這本書中帶出最好的討論和解決方法，它不僅大有幫助、鼓勵人心，而且絕無僅有！」

——傑弗森和艾莉莎‧貝斯齊 Alyssa and Jefferson Bethke
《紐約時報》暢銷書《與耶穌一起，談愛情》作者

「極為必要。解脫。」

——安妮‧唐絲 Annie F. Downs
暢銷書《為自己，再勇敢一次》作者

說說我的流行病

現在是禮拜天晚上十點。腦袋斜靠在 Uber 玻璃車窗上的我，累得連身體都無法挺直。今天完成了六場講道——你沒看錯，**六場**。我帶領的教會最近又加開了一場聚會。你也會像我這樣向人讓步，對吧？我講到第四場結束都還沒問題，但從第五場開始，我就完全記不得自己在做什麼了。我累過頭——情緒、心理，甚至屬靈方面。

教會決定開始第六場聚會時，我打電話向一位加州巨型教會的牧師求救。他曾經有一段時間，一天帶領六場聚會。我問他：「你怎麼辦到的？」他說：「很簡單，就跟每週跑一次馬拉松沒什麼兩樣。」我回答：「好吧，謝謝你。」我掛斷電話，越想越覺得不太對勁，馬拉松明明就很難啊？我的長跑才剛開始，而他因為外遇離開教會。這對我來說可不是什麼好預兆。

回到家，宵夜時間才吃晚餐。因為累過頭，精神緊繃到睡不著，於是我索性打開啤酒，栽進沙發看電影。那是一部晦澀難懂、不知名的功夫片。裡頭的人說著中文，還好有附上英文字幕。基努・李維（Keanu Reeves）[1] 在裡面演

壞人。我很欣賞他。但看著電影隨即嘆了口氣，想著最近幾乎每晚獨坐沙發，家人早已熟睡。我有些擔心，因為以前對功夫片並不著迷，難道這是心理生病的前兆？

「（心理生病）就從他迷上獨立製作武術電影的那一刻開始……」

但真實情況是，我覺得自己像個喪屍，半死不活。麻木是我唯一的感覺；整個人是平面的，身處一度空間。情緒上，我與一股綿延不息的焦慮暗流和一絲淡淡的憂傷和平共存。而最經常有的感覺，是我絲毫提不起勁的屬靈狀態，非常空虛，好像我的靈魂是空洞的。

我的生活步調**太快**。而我喜歡快。我是標準的 A 型人格，超級行動派。喜歡把亂七八糟的事情趕快做完，但全都做過頭。我每個禮拜從早到晚工作六天，仍然覺得事情沒做完、時間不夠用。更糟糕的是，我感到**過於匆忙**，覺得自己每天都忙得像是被撕成好幾個人來用，而且不斷錯過我眼前的每一刻。但組成人生的，可不就是一連串的現在嗎？有人也跟我一樣嗎？我不可能是特例。

時間來到禮拜一，我早早起床，匆匆趕去辦公室。我總是馬不停蹄。今天又是會議滿檔的一天。我痛恨開會。身為內向創意型的人，再加上我跟大多數千禧世代的人一樣，很容易對事情失去興趣。讓我參加一大堆會議對我個人和參與其中的人都沒有好處，但教會成長迅速，不參加也不行。我不太想提這件事，因為說來實在尷尬，我們教會連續七

年，每年成長超過一千人。我以前認為這就是我要的，畢竟教會迅速成長是每個牧者的夢想；不過，有些功課必須嚐到苦頭才能夠學會，我到後來才發現自己根本不想擁有一堆斜槓身分：執行長／非營利事業機構執行董事／人力資源專家／經營策略大師／最、最、最上層的領袖，還同時兼任其他職務。

當初，我做這些全都是為了教導耶穌的真理。但這些真的是耶穌做事的方式嗎？說到耶穌，我心中一直埋伏著一個可怕的想法，一個揮之不去的良心問題。

我要變成什麼樣的人？

我剛滿三十歲（三十大關！），所以我勉強還有足夠時間，為自己勾勒出一幅品格養成的路徑圖，規劃未來二、三十年的人生。我停下，深呼吸，想像自己四十、五十、六十歲的樣子……看起來不太美妙。

我看見一名「成功」男性，只不過衡量這份成功的指標全是錯的：教會規模、書籍銷量、講道邀約次數、社會地位，諸如此類，還有新型美國夢——專屬於你的個人維基百科頁面。雖然他滿口談論耶穌，實際上卻是個情緒不健全、屬靈膚淺的人。雖然婚姻還在，但只剩下義務，索然無味。孩子們不樂意跟教會有任何關聯；因為教會是老爸的首選情婦，是他逃避疼痛傷口而逕自奔向的非法戀人。我還是原來的我，只是更老、更糟——過勞、不快樂、情緒一觸即發、動輒對我最愛的人不假辭色、宣導某種生活方式但言過其

實。

對了，還有總是**匆匆忙忙**。是什麼原因讓我如此急切成為一個連自己都討厭的人？

我突然明白，在美國，你可以既是個成功的牧師，又同時是個差勁的門徒；你可以牧會成功，卻輸掉自己的靈魂。但我不想要這樣的人生。

場景快轉到三個月之後：我從倫敦飛回美國。花了一週的時間，我跟時常活在聖靈中的聖公會朋友學習。活在聖靈中，是我一直錯過的、另一個維度的現實。此時的我正隨著航班飛行向東，返回自己害怕的生活。

我們離開倫敦前的那天晚上，肯恩用他標準的英國腔為我禱告。他說我正走進一條岔路，一邊是朝向光明之城的平坦大道；另一邊是通往暗黑森林、深入未知的泥土小徑。而我正打算走上那條尚未鋪平的小路。我完全聽不懂他在禱告什麼，但我知道肯定具有某種意義。因為他禱告的時候，我的靈魂在上帝的環繞下顫動。可是，上帝到底要跟我說什麼？

在飛機上，我追趕著電子郵件的回覆進度，因為那是最適合進行這項任務的時候。但一如往常，我進度落後。後來又得知一個壞消息：有幾位下屬對我表示不滿。當時的我充滿憤怒和驕傲，開始對巨型教會發出質疑，並不是針對教會規模，而是**運作方式**[2]。難道事情就只能這樣了？一大堆人來聽講道，聽完又各自返回原本過度忙碌的生活？我的情

緒嚴重不健康，內心滲出的化學廢料都滴漏在我可憐的下屬身上。

領導力的原則是什麼？「領袖如何，教會也如何。」[3]真要命！我當然不希望我們教會最後變得跟我一樣。

當我坐在飛機走道 21C 的座位上，沉思著如何回覆一封令人情緒繃緊的電子郵件時，一個前所未有的想法冒了出來。或許是三萬英尺高空氧氣稀薄的作用？不過應該不是。這個想法早已蠢蠢欲動好幾個月，甚至好幾年，只是我一直壓抑。因為這念頭太危險，對現狀的威脅太大。然而現在，應該是打開囚籠，野放這個想法的時候了。

這個念頭就是：**如果我改變生活方式會變得如何呢？**

接下來，我在三個月內透過上千回的艱難對話，將每一位牧師、人生導師、朋友、家人，都扯進我這項最重要的人生決定當中。此時此刻，我正列席長老會議，面對「判決時刻」。這裡只有我和幾位核心領導。我的人生故事，即將因這個關鍵時刻而劃分為「改變前」和「改變後」。

「我要卸任。」我終於說出口了。

我不是要辭職。我們教會在不同地點還有好幾個分堂。（彷彿我有本事帶領很多分堂似的）我們最大的分堂在郊區，過去十年來都在那裡服事，但是我真正心繫的還是都市。記得我早在高中時代，就經常沿著第二十三街來來回回，開著我那輛一九七七年的福斯汽車，夢想自己日後在市

中心建立教會。[4] 我們教會在市區的分堂比較小。不僅小很多，而且很難開發。波特蘭市區是一個非常世俗化的地方，所有條件都不利於建立教會。然而，我感覺聖靈將責任放在我心中，如同地心引力，要我在那裡落腳。

所以並不是辭職，更像是自願降職。我想要一次只帶領一間教會。很新奇的概念，對吧？我的夢想是放慢腳步，簡化日常生活以持守信仰，還有走路上班。我說我要重新設定衡量成功的標準。我想要更專心觀察自己在跟隨耶穌當門徒的過程中，最終會變成什麼樣的人。大家可以容許我這樣做嗎？

他們說沒問題。（他們八成心想，**終於**開竅了）

閒言閒語是在所難免的，向來如此。好比有人會說：他應付不來（說得對）；他不夠聰明（錯了）；他不夠強悍（大致正確）。類似這樣的閒話會流傳好幾個月：他違背了上帝給他的人生呼召，選擇在不顯眼的位置上，浪費他的恩賜。隨他們說吧。我現在有了不同的衡量標準。

我告別了任職十年的分堂，帶著全家進入安息年的假期。這可是純然的恩典。假期上半年，我經常處於半昏睡狀態。直到下半年，心神才逐漸甦醒。我回到規模小很多的教會。我們全家遷居都市，我開始走路上班、接受心理治療，這令我大開眼界，而且事實證明我非常需要專業上的幫助。我專心改善情緒健康、減少工作時數、跟妻子約會、跟孩子玩星際大戰主題的樂高（居然真有這個主題）、實踐安息

日、戒除 Netflix 上癮。自從高中畢業後，我頭一次捧起小說閱讀，還有睡前遛狗。你懂的，真正去**過日子**。

聽起來挺好的，對吧？甚至像是烏托邦？那倒不至於。感覺上更像是戒毒成功。沒了巨型教會的我，究竟是誰？大排長龍想要見我的人呢？深夜瘋狂湧入的電子郵件呢？遠離充滿速度感的生活並不容易，但我逐漸擺脫了這種上癮。我感覺到自己的靈魂再度開啟，情緒不再爆發。改變是緩慢、漸進、間歇的，而且進三步、退兩步。有些日子，我做到了從容；有些日子，我故態復萌。然而，這是我多年以來頭一次，一寸一寸地邁向成熟。我逐漸變得更像耶穌，也逐漸成為更好的自己。

更棒的是，我再度能夠感覺到上帝和自己的靈魂。走在這條尚未鋪平的小路上，我不知道它會將我帶往何處，但我不在意。我真正重視的是自己最後會變成什麼樣的人。這是我多年以來，第一次笑著望向未來。

五年前，我搭乘 Uber 回家，狂看基努・李維的電影；如今感覺那彷彿是好久以前的事情。很多事情在那之後都有了變化。這本書描述了我短暫平淡人生中，擺脫匆忙並進入另一種生活方式的旅程。

以「匆忙」作為寫作主題，我可能是最不合適的人選。因為我會在紅綠燈前跟兩三輛車子搶道；我會在人前吹噓自己「最早上班、最晚回家」；我走路快、說話快；我是一名同時多工（multitasking）的速度成癮慢性患者（以前是，

至少現在不是了；另外說明一下，沒有速度成癮這種東西）。但話說回來，我既然找到脫離慣性生活軌道的出口，或許我正是最適合寫這本書的人？至於是不是，那就由你來決定。

我不知道你的故事。但你多半不是一名曾經任職巨型教會、身心透支、在三十三歲面臨中年危機的牧師。你比較有可能是加州聖地牙哥大學學生、芝加哥二十多歲的都會族、墨爾本的全職媽媽或明尼蘇達的中年保險經紀人。你有可能正準備展開人生，或正設法持續前進。

韓裔旅德哲學家韓炳哲（Byung-Chul Han）在著作《倦怠社會》（The Burnout Society）中，針對他所觀察到的大多數西方人，寫下令人難忘的結論：「他們活得太活躍，所以停不下來；又活得太枯燥，所以無法好好活著。」[5] 這是眾人眼中的我。你呢？可有絲毫相同之處？

我們都有屬於自己的故事，為了確保心智正常地面對 iPhone 和 Wi-Fi 的年代：二十四小時新聞輪播、都市化、高速公路上摧毀心靈的大塞車、無休止的噪音、時速九十英里**衝衝衝**的生活步調。

閱讀本書時，不妨假想你我相約在波特蘭市喝咖啡，我最愛第十二街那家「心咖啡」的肯亞咖啡，看看我這兩三年來在「險惡水域」中，學會了哪些航行經驗。「險惡水域」是法國哲學家吉爾斯・利波維茨基（Gilles Lipovetsky）口中的「超現代」世界。[6]

不過說實話，我跟你分享的每一件事，都是我從拿撒

勒人耶穌的身教和言教中偷學來的。祂是我的拉比，但不只是拉比。

我最喜歡耶穌在馬太福音中所發出的邀請：「凡勞苦擔重擔的人，可以到我這裡來，我就使你們得安息。我心裡柔和謙卑，你們當負我的軛，學我的樣式；這樣，你們心裡就必得享安息。因為我的軛是容易的，我的擔子是輕省的。」[7]

你是否感到倦怠？還是負擔過重？任何從骨子裡感到疲憊的人，是否感到不只人累、心累，甚至靈魂也很累？如果你也是，你不孤單。

耶穌邀請我們每一個人來擔負這個「輕省」的軛。祂在三位一體的愛、喜樂、平安中，為所有的人提供了一種輕鬆背負人生重量的方式。尤金・畢德生（Eugene Peterson）將耶穌具有代表性的這句話翻譯成「活得輕鬆自如」[8]，我想就是這個意思。

如果幸福人生秘訣是個公開的秘密，為何知道的人那麼少？假設這個秘訣唾手可得，無須向外尋求？假設你唯一要做的，只是容許有如旋轉木馬般眼花撩亂的人生，放慢一段夠長的時間並逐漸恢復聚焦？假設我們所渴望的人生秘訣無非是「輕省」？

現在，在我們進入主題之前，先澄清幾件事情：首先，我不是你，這顯而易見，但有必要釐清。我起初對這些反對匆忙的言論感到不悅，所以有些讀者也有可能會有這種感

覺。還有，本書探索的是人們對於「有別於現況的人生」的深切嚮往，因此有些人可能會認為我不切實際或脫離現實而感到排斥。

單親媽媽說：「他根本不了解為了付清欠款和繳清每週房租而兼職兩份工作的感覺。」沒錯，我不知道。

「身為社會達爾文主義人力市場的高階主管，我認為他與生活嚴重脫節。」這大致正確。

「他不了解我身處的都市、國家或世代。」這很有可能。但我邀請你先聽我把話說完。

其次，我不是耶穌，我只是跟隨祂學習了一段時間的眾多門徒之一。同樣明顯的，這段咖啡時光的目的很單純：傳遞我在老師身旁所學到的教導。跟這位老師非常親近的朋友都說，他從耶穌領受而來的喜樂恩膏，勝過他的其他同伴。[9] 對於這句話我的理解是：他是世界上最幸福的人。

我們大多數人甚至從未想過向耶穌詢問快樂之道，而是尋求達賴喇嘛、當地的正念工作室，或哈佛大學塔爾·班夏哈（Tal Ben-Shahar，1970 年出生的以色列裔美國學者）的正向心理學課程。他們的教導都很好，我也很欣賞，但耶穌獨樹一格；祂的教導不同於古往今來任何宗教或非宗教的教師、傳統、哲學，包括蘇格拉底、佛陀、尼采，還有你選擇的瑜珈 Podcast。對我而言，耶穌仍然是有史以來最卓越、最具洞見、最激發深刻思考的老師。而祂的步調很慢（稍後會談到）。所以，不用急，讓我們安定心、慢慢來。

最後，請恕我直言：如果快、還要更快才是你想要的，那麼這本書並不適合你，因為你不會有時間好好讀完；頂多匆匆翻閱第一章？那你還是趕緊回去幹活比較實在。

如果你尋求的是速效解決，或三步驟的簡易公式，那這本書也不適合你。人生沒有特效藥，也沒有解套的捷徑。人生極度複雜，改變更是。任何提供你別種說法的人，都是為了向你推銷東西。

但是，如果你感到疲憊不堪、厭倦人生；如果你暗自懷疑人生或許還有更好的方式，那麼有可能是你錯過了真正的重點，也有可能是文化給了你太過狹隘的成功衡量標準。其實，一般人所謂的「成功」最終或許看來更像失敗，最重要的是，如果你在時機上、心態上都準備好要展開一段異於社會標準的旅程，預備好在上帝國度的現實中，去探索你的靈魂。接下來，不妨好好享受這段閱讀經驗。這本書雖然簡短易懂，但仍然有好多的秘密要告訴你……

第一部分 問題

Part one :
The problem

匆忙：
靈性生活的大敵

上週跟我的導師約翰共進午餐。好吧，我承認，他其實不能算是我的導師，他的層次超過我太多。我們定期共進午餐，而我趁機拼命追問他各種人生問題並猛抄筆記。約翰是初次見面就會讓人心想「我長大以後也要像他一樣」的那種人。他聰明絕頂、充滿智慧，但從不自命不凡。相反的，他充滿喜樂、容易相處、自信從容做自己、超級成功（卻沒有名人的惱人作風）、和善、充滿好奇心，相處時完全專注於你，而且活在此時此刻。基本上，他跟我想像中的耶穌很像。[1]

約翰·奧伯格是加州的牧師兼作家，我心目中另一位了不起的人物魏樂德（Dallas Willard）恰巧是他的導師。如果你還不知道魏樂德這號人物，趕緊謝謝我，不客氣。[2]魏樂德曾經是南加州大學的哲學學者，卻以教導耶穌的生命之道而聞名於學術圈外。他對我的影響超過聖經各書卷之外的任何一位老師。他的著作塑造了我跟隨耶穌，或套用他的

話說──在耶穌手下當學徒的方式。[3] 我說了這麼多，重點是在二〇一三年魏樂德過世之前，約翰一直是他的學生，跟隨他足足二十年。

我從來沒有機會見到魏樂德本人。所以，約翰和我第一次在門洛公園碰面時，我一坐下來就開始追問他魏樂德的故事。感覺像是挖到寶。

而我經常想起這個故事：約翰某日打電話給魏樂德徵詢建議。那是一九九〇年代末期，當時約翰還任職於全世界最具影響力之一的芝加哥柳溪教會。約翰本身以善於教導出名，也是一名暢銷書作家。你一看就知道他是那種徹底追隨耶穌的好門徒。但私底下，他覺得自己逐漸被捲入「巨型教會狂熱」的漩渦中。

我對此心有戚戚。

於是他打電話給魏樂德，問他：「我必須做什麼，才能夠成為我想要成為的自己？」[4] 電話那頭，是好長一段時間的沉默。約翰告訴我：「跟魏樂德相處時，電話那頭必然會有長時間的沉默。」

終於，魏樂德說話了：「你必須痛下決心，除去生活中的匆忙。」

這個回答太精彩了，大家同意嗎？約翰趕緊在日誌上寫下這段話，可惜那時候還沒有推特，不然網頁一定會被擠爆。

他接著問：「寫好了，還有呢？」

又是一段很長的沉默……

魏樂德回答：「沒有了。匆忙是這個時代人們靈性生活的最大敵人。你必須痛下決心，除去生活中的匆忙。」

故事結束。[5]

我第一次聽見這段往事時，就感受到這句話與現實之間的深刻呼應。匆忙是這個世界中，眾多毒性症狀背後的根源。然而，魏樂德的回答出乎我意料之外。我生活在美國最進步而世俗化的城市之一，如果你問我這個波特蘭市居民：你靈性生活的最大挑戰是什麼？我回答不出來。

我最有可能的回應會是：現代或後現代的影響、自由神學或成功神學的普及化、性與婚姻的重新界定、性別界線消除、網路色情、人們對舊約聖經暴力現象的一千萬個為什麼、知名牧者的墮落、唐納‧川普。說了這麼多，但其實我並不知道。

你會怎麼回答這個問題？我打賭幾乎沒人會在第一時間回答「匆忙」。

聖經中，撒旦沒有以手持稻草叉、嗓音粗啞的惡魔形象出現，也不會以喜劇演員威爾‧法洛（Will Ferell）在《週六夜現場》（Saturday Night Live）中，抱著電子吉他的紅色魔鬼造型現身。牠比我們認為的聰明太多。今天，你更有機會遇到的是牠的各種化身：讀聖經時手機響起的提

示音、好幾天在 Netflix 上的瘋狂追劇、對 IG 的深度上癮、週六上午跑去加班、週日又多看了一場足球賽，或是在疾速的生活步調中扛下一個又一個承諾。

彭柯麗（Corrie ten Boom）曾經說過，如果魔鬼無法使你偏離神，牠會設法使你忙碌。這句話是有道理的。偏離神和忙碌的效果是一樣的——都是中斷你跟上帝、人，甚至跟你自己靈魂之間的連結。

知名心理學家榮格（Carl Jung）有句話說：「匆忙不屬於魔鬼；匆忙就是魔鬼。」

對了，榮格就是發展出內向和外向人格類型架構的心理學家。他的研究成為日後邁爾斯－布里格斯性格分類法（即 MBTI）的基礎。還有，我是 INTJ，有人跟我一樣嗎？

最近我在心理治療師的協助下推行教會願景。他很愛耶穌，是一位絕頂聰明的博士。我們的夢想是以「跟隨耶穌當門徒」的生活方式作為核心，去重新建構我們的社區（這聽起來很奇怪，因為教會不做這個，還想做什麼？），他很喜歡這個願景。但有一件事，他一再提醒我：「你將面臨的最大問題會是**時間**。大家都太忙，忙到沒時間活出情緒健康、屬靈豐盛和充滿活力的人生。」

平時你跟人說：「你好嗎？」對方怎麼回答？「喔，還不錯，**只是很忙**。」

你稍加留意就會發現，你無論走到哪裡，聽到的都是

這個答案（超越種族、性別、人生階段，甚至社會階層）──大學生很忙、新手爸媽很忙、靠著高爾夫球場收入過活的空巢期父母很忙、高階主管很忙、餐館服務人員很忙、兼職保姆也很忙、美國人很忙、紐西蘭人很忙、德國人很忙，大家都忙得不可開交。

當然，有一種忙，是健康的忙；你的生活會因此充滿真正重要的事物，也不會把時間浪費在空泛的休閒或瑣事上。就這個定義來說，耶穌很忙。所以問題並不是你有很多事要做；而是當你因為事情太多，為了保持固定的完成量而疲於奔命。

就是這種忙碌把我們搞得暈頭轉向。

查爾斯頓南方大學商學院的麥克・季加拉利（Michael Zigarelli）針對全球兩萬多名基督徒進行「成長障礙」調查研究。他發現，忙碌是靈性生活的主要干擾。現在仔細聽聽他的研究假設：「這有可能是因為（1）基督徒逐漸同化於這個忙碌、倉促、超負荷的文化，使得（2）上帝在基督徒的生活中進一步被邊緣化，造成（3）他們與上帝的關係品質下降，導致（4）基督徒更容易接受世俗文化的生活觀，進而使得基督徒（5）與忙碌、倉促、超負荷的文化更為一致。隨後重複相同循環。」[6]

順便告訴你，牧師的情況最糟糕。這一行的忙碌程度不亞於律師和醫生。我說的不是我，是別的牧師⋯⋯

芬蘭有一句諺語說得妙：「上帝從未創造匆忙。」這種

全新的生活速度不符合基督精神，而是與基督信仰相違背。我們仔細想想，基督國度最重視的是什麼？答案很簡單：愛。耶穌說得非常清楚。在上帝的教導中，最大的命令就是「你要盡心、盡性、盡意、盡力愛主——你的神」以及「要愛人如己」。[7] 但是，愛既耗時又磨人，所有當過父母親的都知道，所有處於戀愛關係和大多數擁有長期友誼的人也都知道。

匆忙與愛，互不相容。我身為父親、丈夫、牧師，甚至作為一個人，最糟糕的狀態都在匆忙時刻——當我約會遲到、待辦清單項目多到不切實際而進度落後、試圖塞進太多當日行程，我就會洩漏出憤怒、緊張、吹毛求疵的態度，這些全都跟愛背道而馳。如果你不相信，請在你下次快要遲到，又要同時催促 B 型人格特質的太太和三個很容易分心的小小孩出門時（我這方面經驗豐富），稍微留意一下自己跟他們的應對方式。你的表情和心情會很有愛嗎？還是早就激動不堪、怒氣沖沖、話語刺人、眼神不耐？

匆忙與愛，如同油不溶於水無法混合。因此，使徒保羅在描述愛的定義時所用的第一個形容詞是「耐心」（patient）。[8] 人們常說與神「同行」而不是「同跑」，這是有道理的。因為神是愛。

已故日本神學家小山晃佑（Kosuke Koyama）在他的著作《一小時走三英里路的上帝》（Three Mile an Hour God，暫譯）中描述：「上帝緩步而行，因祂是愛。若祂不是愛，就會加快步伐。愛，有自己的速度。那是一種內在速

度，是靈魂的速度。它不屬於我們所熟悉的科技速度。然而，這個『慢』，支配著所有的速度，因為它是愛的速度。」[9]

在我們的文化中，**慢**是一個貶義詞。遇到智商不足的人，我們說他笨或說她慢。餐廳服務不佳，我們說它慢。電影無聊，我們還是抱怨它慢。翻開韋氏辭典一看，慢的定義是：「心智遲鈍；愚笨；天生呆滯、遲緩；缺乏準備度、機敏性或意願。」[10]

這信息很清楚：慢不好，快才行。但是在這個顛覆世俗的國度中，我們有著截然相反的價值體系：匆忙屬於魔鬼；緩慢屬於耶穌，因為耶穌是「愛」道成肉身後的樣貌。

喜樂和平安（基督國度中的另外兩個核心）也是如此。愛、喜樂、平安，三者合成了基督國度的異象。這些都不僅僅是某種情緒，而是內心的整體狀態；也不只是愉悅感，而是我們在「跟著耶穌當門徒」的過程中，逐漸養成的內在狀態，因為耶穌本人正是愛、喜樂、平安的無限體現。

而愛、喜樂、平安，都與匆忙互不相容。

關於喜樂，無論是基督教或非基督教傳統中的靈性導師（甚至非宗教領域的心理學家、正念專家等）全都一致認為：如果快樂有秘訣，這個秘訣很簡單，那就是活在此時此刻。越能夠活在此刻，我們就會越快樂。

那麼，平安呢？這還用得著我舉例嗎？回想你正匆匆趕往下一個活動，就快要來不及了。這時候你還能深深感受

耶和華的平安與你的靈魂同在嗎？在那一刻，你還能感受到踏實而平靜的幸福嗎？

換個方式說：人人心中都有愛、喜樂、平安；耶穌正試著讓它們在你的生命土壤中成長茁壯。而這三者與匆忙互不相容。如果你還是不相信我說的，請你在下一次拖著家人（單身人士請拖著室友）出門時，留意一下。那時的你，還有愛、喜樂、心平氣和的感覺嗎？當然沒有！

共進午餐時，約翰，不算是我導師的人生導師說出了他的觀察：「我無法跟心靈匆忙的人一同生活在上帝的國度。」沒人辦得到。

匆忙不僅使我們遠離人類最深切的共同渴望——神國的愛、喜樂、平安，它也輕易藉由竊取注意力使我們遠離上帝。我們在匆忙中，失去的永遠比獲得的更多。

魯益師的屬靈導師華特‧亞當斯（Walter Adams）說得好：「與耶穌同行，就是用緩慢從容的步調向前行走。匆忙，無異於禱告的死亡，而且只會阻礙和破壞我們的工作，向來毫無助益。」[11] 這意思是，匆匆忙忙什麼都做不成，最好不要匆忙。尤其是我們跟上帝的關係，甚至服事。

羅納德‧羅海瑟（Ronald Rolheiser）是我一直以來最喜歡的天主教作家。他用颶風般威力的筆調寫道：「現今，許多歷史情境盲目匯流，意外共謀出一種風氣。身處其中，不僅很難想起上帝或起身禱告，也難以擁有任何內在的深度。我們為了各種五花八門、或好或壞的理由，讓自己分

心，並遺忘了心靈。人們並非反對上帝、深度、靈性，我們渴望這些東西，只是太習慣被掌中的『螢幕』上所冒出來的內容過度佔據。人心並不惡劣而是太忙；並非不屬靈而是過於分心。比起教會，我們對看電影、去巨蛋看球賽、逛百貨商場，以及這些事物在我們心中所創造的夢幻生活更感興趣。病態的忙碌、分心、焦躁不安，才是現代人靈性生活的最大障礙。」[12]

我非常欣賞羅海瑟使用「病態的忙碌」一詞。再次強調：一定程度的忙碌不是問題，況且在所難免。某些時空條件下，匆忙甚至是必須的。例如：緊急撥打 119 求救電話、太太羊水破了、牙牙學步的小孩跑到馬路中間。

但平心而論，緊急時刻少之又少，而且久久才發生一次。病態的忙碌早已成為大多數人的生活預設值，我們誤將長期匆忙當作常態，渾然不覺這是極為嚴重的病態。根據專業說法：匆忙如同病原體進入廣大人群並導致疾病或死亡。

我們經常聽到「我很好，只是很忙」，於是認定病態的忙碌沒什麼大不了。畢竟，大家都很忙。但如果忙碌並不健康呢？如果忙碌其實是一種會摧毀人類集體靈魂的情緒傳染病呢？

最近，我愛上讀詩，詩對我而言新奇而陌生。讀詩迫使我放慢，而我愛極了這一點，面對一首好詩，你不可能速讀。昨晚，我拿起基督徒學者兼文學大師 T. S. 艾略特（T. S. Eliot）的詩集，居然讀懂了其中少數幾句：「在這個吱吱

喳喳的世界，人們從分心中再度分心，因為出現了另一件令人分心的事物。」[13] 在這個足以使人分心的環境中，我們藉由分心來迴避碰觸傷口，而那些傷口原本可以引導我們走向醫治和生命。

再說一次：我們「正在使自己分心，並進一步遺忘了心靈」。正如奧伯格所說：「我們當中許多人的重大危機並非瀕臨放棄信仰，而是變得越來越分心、匆忙、注意力被佔據，進而導致我們自滿於人生平庸、活在人生的表面，不曾真正活過。」[14]

看出這其中的代價了嗎？受到威脅的不只有情緒健康。但我們似乎還嫌不夠。我們平日動作飛快，導致壓力過大、緊張易怒、動輒斥喝妻兒。沒錯，這是真的。但更可怕的是：我們的靈性生活因此岌岌可危。

萬一魏樂德說對了呢？萬一那個過度忙碌、專注力被數位產品干擾的快節奏生活，的確是現代人靈性生活所面臨的最大威脅？我不禁想，耶穌會不會用祂對馬大說過的那句話來提醒我們整個世代：「妳為許多的事思慮煩擾，但是不可少的只有一件。」[15]

現在眼前最重要的，是放慢心靈的速度。[16]

速度簡史

人人都知道全世界的步調已經瘋狂加速。對此,我們時刻深有所感,高速公路上的情形更是不在話下。不過,以前可不是這樣的。

讓我用幾分鐘幫你惡補一下,我們是怎麼走到今天這個地步。我們稍後會聊到羅馬日晷、聖本篤(Saint Benedict)、湯馬士·愛迪生(Thomas Edison)、你的吐司機、一九六〇年代科幻片、7-Eleven 超商、當然還有史帝夫·賈伯斯(Steve Jobs)。

先來說說日晷吧,那是最原始的卡西歐手錶。早在公元前兩百年左右[1],就有人對這種「新」科技深表不滿。羅馬劇作家普勞圖斯(Plautus)將憤怒化為詩歌:「眾神譴責第一個發現『如何』分辨時間的人!我也要大力譴責他。這人費盡心思把我好端端的一天,劈成了雞零狗碎的片段!」[2]下一次你趕不上時間的時候,就引用普勞圖斯這句話吧──「眾神譴責那人!」

現在,將歷史快轉到後來的僧侶時代。這些心存善意、

重視靈性的祖先們，他們在加速西方社會文明發展中扮演了關鍵角色。公元六世紀，聖本篤有個很好的想法——排定修道院每天祈禱七次。公元十二世紀，僧侶們已經發明出機械時鐘，用來召聚全體修道士一同禱告。

然而，大多數歷史學家指出，一三七〇年才是西方人與時間關係真正生變的轉折點。那年，全世界第一座公共鐘樓在德國科隆市落成。[3] 在那之前，時間是一種與地球自轉和四季更替息息相關的自然狀態。人們日出而作、日入而息。夏季晝長夜短而忙碌，冬季晝短夜長而閒散；日日年年各有節奏。套用中世紀法國歷史學者雅克‧勒高夫（Jacques Le Goff）的話來說：「生活由農耕節奏所主導，不必倉促、不求嚴謹、不用考慮生產力。」[4]（沒錯，我剛剛引用了古代人的話）

然而，時鐘改變了一切：它創造了人工時間，讓人**全年無休**、朝九晚五、刻苦工作。我們不再傾聽身體、不再容許身體充分休息，而是開始依照鬧鐘所強制的時間起床。我們的確變得更有效率，卻也更像機器，而非人類。

我們來聽聽一位歷史學家對這個關鍵轉折所提出的總結：「這是人類向太陽發出的獨立宣言，也是他自己做主和掌控環境的新證據。只是後來他才恍然明白，他之所以能夠掌控，只不過是因為他向一台全然專橫的機器俯首稱臣。」[5] 太陽設定的作息節奏由上帝所掌控；時鐘的節奏卻由雇主所支配，一個遠比上帝苛刻的主人。

時間來到一八七九年。人們擁有愛迪生和燈泡之後再也不必日入而息。現在請你繫好安全帶，一起來聽聽這個驚人的統計數字：在愛迪生發明燈泡之前，人們每天平均睡眠長達十一小時。[6] 沒錯，你沒看錯，十一個小時！

我以前經常閱讀傳記。許多屬靈偉人像是阿維拉的聖特蕾莎修女（Saint Teresa of Ávila）、約翰·衛斯理（John Wesley）、查爾斯·司布真（Charles Spurgeon），他們都在清晨四點起床禱告。我當時心想：「真厲害，他們對耶穌的態度比我認真太多了。」他們當然比我認真，只不過後來我發現他們晚上七點就上床睡覺。睡滿了九個小時，總得找點別的事情來做做吧？

目前，單就美國人而言，大多數人每晚睡眠落在七個小時左右，比上一世紀的人少睡了兩個半小時，也難怪我們總是精疲力竭。上一個世紀，科技再度改變我們與時間的關係，而這次帶來改變的，是所謂的「勞力節省設備」。舉例來說，以前過冬必須冒著被野獸生吞活剝的危險，扛著斧頭去森林砍柴，砍完還要赤手空拳將樹幹一路拖回家，接著劈柴、生火，這同樣必須仰仗萬能的雙手。現在你只要走近牆上的恆溫調節器，動手按幾下升溫按鈕（如果你家是智慧住宅，還可以按手機），暖氣就會像變魔術一樣冒出來。

這樣的例子不勝枚舉：以前的人全靠走路；現在的人開車四處奔波。以前的人吃飯必須從種菜、切菜開始準備；現在的人直接買外賣。以前的人拿筆寫信；現在的人用電子郵件，當然也少不了我們最要好的新朋友——人工智慧。

然而，即使我們擁有智慧型手機、全自動咖啡機、洗碗機、洗衣機、吐司機，大多數人並不覺得時間變多，反而覺得變少。這是怎麼回事？節省勞力設備確實替我們省了不少時間。那麼，時間全都跑到哪裡去了？

　　答案是：花在別的事情上頭去了。

　　一九六〇年代，全世界的未來主義者，從科幻小說作家到政治理論家，一致認為到了我們這個年代，人們的工作時數會大幅減少。一九六七年，有人告訴某個知名參議院小組委員會，到了一九八五年，美國人平均工作時數將會是每年二十七週，每週二十二個小時；他們全都認為，未來的主要問題是閒暇時間過多。[7]

　　真是令人難以置信……你是不是也覺得滿有趣的，對吧？除非你是法國人（我屈指可數的法國讀者，嘲笑你們的唯一原因是對你們又羨又妒）[8]，現在的情況恰恰相反：休閒時間反而**變少**了。相比一九七九年，美國人現在每年的工作時間普遍多出將近四週。[9]

　　《哈佛商業評論》最近針對美國社會階層變化進行一項研究。以往，閒暇是富有的象徵。有錢人把時間花在打網球、去海灣玩風帆、上高爾夫俱樂部吃午餐配白葡萄酒。但這一切都變了。現在，忙碌才是富有的象徵。你從廣告中就可以看出這種文化變遷。以瑪莎拉蒂或勞力士這類奢侈品牌為例，他們以往的影片和雜誌廣告，都以富人閒坐法國南部游泳池邊來作為呈現；但現在的廣告，幾乎都以紐約或洛杉

磯市中心的富人在高樓層辦公室中帶領會議、深夜去時尚俱樂部小酌，或旅行世界各地作為背景。[10]

上一個世紀，一個人的工作量越少，社會地位越高。現在完全顛倒：一個人坐下放鬆的時間越多，社會地位越低。我們毫不意外的發現，安息日就是在這段期間從美國人的生活當中逐漸消失。一九六〇年代以前，有些地方遲至一九九〇年代以前，《週日法規》強制企業在安息日歇業；政府這項要求為美國人民的生活步調設定了速度上限。我老爸即將邁入七十歲。他不僅講述自己一九五〇年代在灣區成長的往事，也提到全城在週末傍晚六點和週日全天歇業的情景。那時候大家全都歇業，只有教會開放。沒有人出門吃早午餐或看球賽，也很少有人出門購物。你能想像這情形發生在今天的矽谷嗎？我想像不出來。我老爸對當年 7-Eleven 進駐鎮上這件大事，至今仍然津津樂道。那可是第一家每週營業七天的連鎖商店，而且晚上十一點才打烊。就在同一個世代，禮拜天從休息和敬拜上帝的日子，變成亂買更多自己不需要的東西、跑腿辦雜事、外食，或提前啟動下週工作的日子。

我們的文化甚至從未放慢腳步，更不曾保留足夠的時間自問：這種全新的生活步調對我們的靈魂有什麼益處？

安德魯・沙利文（Andrew Sullivan）在《紐約時報雜誌》發表的《我曾經是人》（I Used to Be a Human Being）一文中，有這樣一段發人深省的分析：「猶太基督教的傳統意識到有一種關鍵差異和張力，存在於雜音和寧靜之間，並存在於打發一天時間和充分掌握人生之間。而安息

日（基督教從猶太教汲取這項習俗）是我們在永恆的照亮下，平心靜氣反觀自我生命的一段時間；並在數世紀以來，幫助西方人大抵界定每週一次的公共生活。只可惜，這已在過去幾十年喧嚷的商業氣氛中，被人們毫不吝惜地揮霍殆盡。現在與這情形相互呼應的是一種殘破不全的觀點，即是對大多數人而言，若不藉助遠離喧囂和工作作為緩衝，提醒我們是誰，靈性生活就完全不可能實現。」[11]

我們損失的不只是週休一日，而是靈魂向上帝敞開的日子。而這一切，都在二〇〇七年達到巔峰。歷史將會記載，二〇〇七年和一四四〇年同樣是重要的轉折點。

一四四〇年是約翰內斯・古騰堡（Johannes Gutenberg）發明印刷機的那一年，這項技術奠定了新教改革和啟蒙運動的基礎；而這兩項運動則共同改變了歐洲和全世界。那麼二〇〇七年呢？那一年，賈伯斯將 iPhone 推向市場。

請注意：臉書就在那之前的幾個月開放給所有擁有電子郵件的人。同一年，名為推特的微網誌應用程式成為獨立平台；雲端技術和 App Store 同步問世；英特爾（Intel）為保持摩爾定律運轉，將矽晶片改為金屬芯片；另有一系列突破性的技術也全都在二〇〇七年左右問世。數位時代正式來臨。[12]

全世界在短短數年內徹底改變。在近期的記憶中，我們並沒有智慧型手機和 Wi-Fi 連線這種東西。在我第一個

孩子出生之前，這些東西甚至沒有一樣存在。但我們現在已無法想像沒有它們的日子。單是網路就已經改變了世界，卻未必讓世界變得更好。取決於你如何使用網路，就算它沒有**拉低**我們的智商，也的確降低了我們的專注力。

介紹一本有點年代的書。尼古拉斯·卡爾（Nicolas Carr）在他獲得普立茲獎提名的著作《網路讓我們變笨？數位科技正在改變我們的大腦、思考與閱讀行為》中寫道：「網路似乎正在削弱我的專注力和沉思力。無論我是否上網，我的大腦現在都會想要吸收網路發布的資訊：一連串顆粒狀、快速流動的訊息。以前的我，曾經是深入文字海洋的潛水員；現在的我，彷彿水上噴射快艇的駕駛員，輕浮掠過海水表面。」[13] 而智慧型手機，又進一步將網路塞進我們的前口袋。

近期研究發現，iPhone 使用者無論性別，平均一天觸摸手機 2,617 次。而每一位使用者在手機上停留兩個半小時，平均一天使用手機超過七十六次。[14] 這是針對智慧型手機用戶的研究。另一項單獨針對千禧世代研究的結果，數字是以上的兩倍。[15] 在我所讀過的每一項報告中，大多數接受調查研究的人，完全不清楚自己到底在手機上浪費了多少時間。[16]

一項類似研究發現，只要我們跟手機「共處一室」，就算關機都還是會「降低一個人的工作記憶和問題解決能力」。換成白話就是：手機讓我們變笨了。正如一項研究報告結論顯示：「如果你養成依賴手機的習慣，它就會搖身一

變，成為一種魔法裝置，在你腦海中時時刻刻、無聲無息地呼喚著你的名字。」[17]

　　這還只不過是我們使用手機在社群媒體上貼文、查看電子郵件和天氣預報之類的情形。這些統計數字甚至完全未包含網路的使用和 Netflix 的節目。有太多時間在這個「黑洞裝置」中消失不見。

　　矽谷內部人員崔斯坦・哈里斯（Tristan Harris）正在進行一項非常有趣的研究。《大西洋月刊》將這項研究列為「矽谷最貼近良知的一件事」。哈里斯指出，角子老虎機雖然每次只吃幾毛錢，卻比電影和棒球產業加起來更賺錢。因為這東西會讓人上癮。況且小額金錢在當下感覺無關痛癢，畢竟只不過是幾個二十五分的銅板，頂多五塊錢？大不了二十塊錢？然而長期累積就變得非常可觀。手機就是這樣讓人上癮的。許多小小的瞬間——這裡打幾個字、那裡滑一下 IG、很快瞄一眼電子郵件、上網快快逛一下，全部加總起來，耗掉的時間多得令人咋舌。[18]

　　哈里斯原本是 Google 的設計倫理兼產品理念專家。沒騙你，真的有這個職位，只不過後來在科技業中逐漸失去發言權。他離職並創立非營利事業，唯一的目標就是針對軟體設計師這個群體，宣導希波克拉底誓言。因為現在所有的軟體都是為了**分散注意力和上癮而刻意設計的**，這是他們賺錢的手段。

　　另一個例子是臉書的首任總裁尚恩・帕克（Sean Parker），賈斯汀・汀布萊克（Justin Timberlake）在電影中演出的那個角色。現在他聲稱自己是社群媒體「有良心的反對者」。他在接受美國新媒體 Axios 的一次採訪中，心不甘情不願地承認：「天知道社群媒體對兒童的大腦會造成什麼影響。在構建這類應用程式的思維過程上，臉書是這方面的先驅。而這個思維不外乎『我們要如何讓人在這個應用程式上，盡量消耗時間和有意識的注意力？』換句話說，我們必須三不五時給你一點多巴胺。因為只要有人按讚，或在你的照片或貼文上留言之類的，你就會想要提供更多內容，最後你就會被抓住，想要獲得更多讚和留言。這是社會認同的回饋循環，是我這種專門尋找捷徑的人才會想出來的東西，**因為這是在利用人類的心理弱點。**」[19]

我加粗這些字來強調最後這句話，因為我們可以從這類事件中，看出我朋友馬克・塞耶斯（Mark Sayers）所說的，幕後的「數位資本主義」，也就是經濟學家所謂的「注意力經濟學」。哈里斯則稱之為「爭奪人們注意力的武器競賽」。一家公司要能夠獲取你的注意，唯有如此才能從你身上賺錢。

提示你一個可怕的趨勢：過去幾年來，我們的注意力持續時間（attention span）正逐年下降。二〇〇〇年數位革命之前，人們的注意力持續時間為二十秒。這樣的持續力已經很低，但隨後竟一路下滑變成了八秒。比較一下，你會更清楚：金魚的注意力持續時間是九秒。[20] 一點也沒錯，我們輸給了**金魚**，而且我們的贏面不大。因為市面上還有幾

千百種經過**刻意設計**的應用程式和裝置，都在等著竊取你的注意力、挖空你的荷包。

提醒你，你的手機真正服務的人其實不是你。花錢買它的當然是你，但它所服務的對象卻是位於加州、價值數十億美元的大公司，不是你。你不是客戶，而是產物。你的注意力，還有你所求的那份「安心」，才是待價而沽的商品。[21]

哈里斯不是唯一對科技抱持異議的人，我也不是唯一敲響警鐘的牧師。[22] 矽谷有這樣的消息洩漏：科技業的高階主管們，正投入大把鈔票為自己的孩子建立一所沒有電子設施的私立學校。這正應了已故饒舌傳奇歌手聲名狼藉先生（Biggie Smalls）的格言：「永遠不要對你自己兜售的毒品上癮。」

詹姆斯·威廉斯（James Williams）將科技業稱為「人類歷史上最大、最標準化、最集中化的注意力控制形式。」[23]

微軟研究員琳達·史東（Linda Stone）表示：「持續性的局部專注」是我們的新常態。[24]

科幻作家科里·多克托羅（Cory Doctorow）說，我們每次拿起手機或上網，就會陷入「干擾式科技的生態系統」。[25]

早在這一切尚未發生之前，一九三六年就有另一位文學先知赫胥黎（Aldous Huxley）寫過：「人類對分心的胃口，近乎無窮。」[26] 他在寓言小說《美麗新世界》中所想像

的未來，並不是一個獨裁的反烏托邦，而是一個分心的國度。在那裡，性、娛樂、忙碌，撕裂了社會結構。看來，他早就發現了某項重要的事實……

問題是，就算我們明白，也承認自己對數位科技上癮，但我們的意志力偏偏就是抵擋不住那個「點讚」的按鈕——因為那是一種**上癮**。何況前提是，我們必須先承認自己有問題，但是有很多人並不承認。心理學家強調，將絕大多數美國人與手機的關係歸類為「強迫症」絕非言過其實，因為我們必須查看最新簡訊、必須按一下 IG、必須打開電子郵件等等。然而我們當中大多數人早已超越「看一下」的程度，已經完全上癮。

正如唐尼‧施瓦茨（Tony Schwartz）在《紐約時報》所發表的觀點：「上癮是持續被某種物質或活動所吸引，變得具有嚴重強迫性，最終干擾日常生活。」根據這個定義，幾乎我認識的每一個人，對網路都有某種程度的上癮。[27]

每一個人。

如果你認為自己是個例外，很好，請證明給我看。怎麼證明？把你的手機關機整整二十四小時。一天就好，就叫它「數位安息日」。看看你能不能撐那麼久，會不會因為手癢又拿起手機，或出現神經生物學的戒斷症狀，整個人頭冒冷汗、牙關打顫、人躺在地板上扭來扭去。

我並不反對數位科技，也不主張生活倒退至盧德份子所提倡的，那種帶有神秘色彩的烏托邦（譯註：Luddite，

是十九世紀英國民間對抗工業革命、反對紡織工業化的社會運動者）。後世將反對任何新科技的人稱作盧德主義者）。我光是想到農耕數十年後死於痛風就感到害怕。何況，你能想像沒有 Google 地圖和串流音樂的日子嗎？我要說的是，我們一直討論當今數位年代的優點，的確它有許多優點，但對它的缺點卻絕口不提。難道它一點問題也沒有？

尼爾・波茲曼（Neil Postman）是另一位擁有先見之明、遠遠超前他個人時代的思想家。他為我們的時代發出這樣的預言式警訊：「萬萬不可將科技當作事物自然秩序的一部分。每一項科技——從智力測驗、汽車、電視到電腦，都是特定經濟和政治環境下的產物，其中所承載的計畫、時程和理念，有些對提升生活滿足有所助益，有些則毫無助益，因此必須予以檢視、批判和控制。」[28]

我認為，對科技養成適當的質疑是一種智慧。科技或甚至經濟進步，未必等於人類的進步。更新速度變快也不代表更好（聽起來挺異端的）。不要莫名其妙就被資本主義的行銷伎倆吸引住，表面上看起來是進步的東西，往往別有目的、讓人退化。別人發財致富，你卻變得分心上癮。就像甘地（Gandhi）說的：「人生的意義不僅僅在於加快生活的速度。」

我們以過度理想化的眼光去看待艾美許人（Amish）的生活方式，我認為這樣的觀點並不健全。但值得一提的是，這些基督徒並不是真的反對所有的現代科技。當新科技引進社會時，他們會先從旁評估觀察我們，就像科學家觀察

實驗室白老鼠施用新藥一樣。這東西會讓我們更健康？還是生病？真的完全沒問題？他們看著我們自願參與人體實驗，然後才展開全社區對話。例如他們最後決定反對汽車，理由是，汽車會破壞他們社群連結的緊密度、滋長消費主義，而這兩點都會侵蝕愛、喜樂和平安。當社會討論智慧型手機時，他們安靜聆聽，靜觀其變。

無論艾美許的基督徒或其他認真跟隨耶穌的人，全都提醒我們：以前的生活步調比現在慢很多、很多。以前沒汽車可開、沒飛機可趕、沒法靠著灌咖啡徹夜苦讀、沒有手機提示鈴聲不斷響起、沒有如同無底洞般的娛樂清單在眼前列隊出現。

這些東西很容易讓我們誤以為，這才是**正常的**生活步調。但其實不是，我們成長歷程中的「時間饑荒」（編按：Time famine，意旨太多事情要做，卻沒有足夠的時間）是非常近期才有的。即便這樣的生活步調仍處於「物種測試階段」，初期測試的結果就已經十分駭人。

總結一下，我們的文化經過幾千年緩慢漸進的加速，卻在近數十年來迅速發展並已到達白熱化的程度。

我的提問很簡單：這一切的分心、上癮、求安心，對我們的靈魂有什麼影響？

有些事情
非常不對勁

　　話說當年英國殖民巔峰階段，一名英國旅人登陸非洲後，打算用走馬看花的方式探訪叢林。他雇來當地挑夫搬運補給品。雖然第一天白天辛苦徒步、晚上睡不安穩，但是他次日醒來仍然立刻準備繼續行程。不料挑夫全都拒絕配合。他感到十分惱怒，於是他勸誘、賄賂、懇求，但全都無效。挑夫仍然無動於衷。很自然的，他追問為什麼，挑夫的答案是，他們在「等待自己的靈魂追上身體」。

　　萊蒂・考曼（Lettie Cowman）描寫這個故事時寫道：「我們許多人都過著團團轉的忙碌生活。這種生活對我們的影響，正像是那些可憐的叢林挑夫頭一天的行程。差別在於：他們知道自己需要做什麼來恢復生活平衡，但我們往往毫無覺察。」[1]

　　況且，不是只有一百年前的屬靈作家宣稱我們的生活節奏失控又危險，越來越多專家提出了自己的觀點。心理學家和心理健康專業人士如今討論的一種現代流行病叫做「匆

忙症」，顧名思義，他們將匆忙視為疾病。

其中一個定義為：「以持續匆忙和焦慮為主要特徵的行為模式。」另一個定義為：「因長期感覺缺乏時間而感到不適，並因此傾向於加速執行每項工作，並在遭遇任何延遲時，慌張失措。」[2]

心臟病專家梅耶・弗里德曼（Meyer Friedman）因提出「A 型人格特質者因長期憤怒和匆忙而較容易心臟病發作」的理論而聲名大噪。這是他的定義：「持續奮力和不斷嘗試在越來越短的時間內，完成或實現越來越多事務，並參與越來越多活動。」[3] 弗里德曼最初創造「匆忙症」這個名詞是因為他留意到，大多數具有心血管疾病風險的患者，都呈現一種惱人的「時間緊迫感」。[4]

跟著我深呼吸，因為他說這段話的時間是一九五〇年代。

你如何確知自己是否罹患這種新型疾病？很簡單，柔斯瑪麗・索德（Rosemary Sword）和菲利普・津巴多（Philip Zimbardo）在著作《時間治療法》（The Time Cure，暫譯）中，提出了匆忙症的症狀：

- 購物結帳時，會因為隊伍看起來比較短，或人員動作看起來比較快而更換排隊的櫃檯。
- 開車時，會計算自己前面的車輛數目，並切入車子數輛最少或車輛移動較快的車道。

．同時進行多項任務，多到最後忘記其中一項。[5]

你們也有人是這樣的嗎？對我說的這些現象也感同身受嗎？我不是在做心理分析，我只不過是非常確定我們全都有匆忙症。匆忙是一種靈魂暴力。你們當中有許多人還不相信我，所以我們要來做一個小小的評量。我的匆忙症有十項症狀。不妨核對一下，看看自己是否符合其中某些症狀：

1. 易怒——你非常容易發怒、不悅、不快。稀鬆平常的小事會讓你不高興，人們面對你的憤怒或持續的低氣壓籠罩，必須躡手躡腳繞道走。專家建議，自我診斷不能光看你如何對待同事或鄰居，還要看你如何對待最親近的人，如配偶、子女、室友等。

2. 過度敏感——光是一些無關痛癢的言語就會傷到你。一封語帶怒意的電子郵件就足以讓你發火。事情稍有變化就會讓你情緒低落，然後一天就這麼毀了。小事會很快升級成為嚴重影響情緒的大事。根據不同人格特質，還會呈現出憤怒、吹毛求疵、焦慮、憂鬱，或單純疲倦的不同表現。重點是，生活在伊甸園外，生活常見問題對你的情緒健康和人際互動有著不成比例的影響，而你似乎無法順利應對。

3. 坐立難安——當你實際試圖放慢腳步休息時卻無法放鬆；當你嘗試安息日，你發現不喜歡；當你閱讀聖經，你覺得無聊；當你排出安靜時間等候神，你的心思無法聚焦；當你提早上床，你焦躁而輾轉反側。你一邊看電視，一邊滑手機、折衣服，還同時上推特跟人吵架（或只是單純回覆電

子郵件）。「速度」這個毒品使你的身心同步亢奮，如果得不到下一劑多巴胺，就會開始坐立難安。

4. 工作狂（或行為活躍停不下來）——你不知道什麼時候該停下來或更糟糕的情況是根本停不下來。因為你選擇的毒品是成就和累積，所以你可能會表現出事業至上、強迫型居家清掃，或為雜事奔忙，於是「日落倦怠」的症狀出現：你一天工作結束後，就再也沒有精力分給配偶、子女或你所關心的人。他們得到的是愛抱怨、懶得說話、過度疲倦的你，情況一點也不美妙。

5. 情緒麻木——你再也沒有能力感受他人或自己的痛苦。你幾乎沒有同理心。你已經沒有時間理會這種東西，而且一直活在這種朦朧的神遊狀態中。

6. 優先次序混亂——你覺得自己跟呼召脫節。你總是被迫捲入緊急狀況，而不是處理重要事項。你的生活充滿被動反應，而不是主動行動。你比往日更為忙碌，卻仍然覺得沒有時間去做自己真正在意的事情。往往幾個月、幾年，甚至幾十年過去了（上帝保守，最好不會這樣），你才發現自己曾經說過的人生要事，一件都還沒有做過。

7. 不好好照顧身體——你沒時間顧好這些基本面：每晚八小時睡眠、每天運動、自己烹調有益健康的食物、少喝刺激神經的飲料、留一點空餘時間。所以你開始發胖，一年生病好幾次，常常睡醒了還很累，睡眠品質差，靠著末日救災四騎士（編按：以啟示錄第六章描述的四騎士作為比喻）：咖啡因、糖、精緻碳水化合物和酒精這類的加工食

品活下去。

8. 逃避現實的行為 —— 當我們太累、無法去做那些真正能夠使生命重新得力的事情時，我們就會找事情來分散注意力：暴飲暴食、過量酗酒、狂看 Netflix、瀏覽社群媒體、上網、看色情片，還有任何你個人偏愛的文化麻醉劑。麻醉劑是好的，偶爾短期使用有助於我們避免承受不必要的痛苦。但如果濫用麻醉來逃避現實，就會被它活活吞噬。你也會發現自己被卡在「社會可接受的各種上癮」的惡性循環之中。

9. 靈性生活下滑 —— 如果你跟我一樣，那麼你在過度忙碌中，就會優先放掉那些真正對靈魂有益的事情。例如早晨的安靜時間、讀聖經、禱告、安息日、主日崇拜、跟你所屬的群體一同用餐。很矛盾的是，讓人放鬆的事情，往往需要用到一些情緒能量和自律。當人過度忙碌，就會過度疲倦；一旦過度疲倦，就沒有精力，也無法自律地啟動對靈魂最有必要的事情，於是形成自我消耗的惡性循環。我們不跟上帝同在，反倒妥協於訂閱 Netflix 和飲用廉價紅酒的次好生活，這是非常悲慘的替代方式。花很多時間看電視並非十惡不赦，而是人在狂看一個東西（或用社群媒體瘋狂發文、暴吃漢堡和薯條）之後，往往不會因為這些外在方式而感到清醒、有活力，也不會有獲得休息、精神煥發的感覺，更不會因此而感到自己準備好展開新的一天。我們一再延遲、不去面對不可避免的「情緒失控」，最終錯過了上帝同在中，生命重新得力的感覺。

10. 孤立——你感覺與上帝、他人、自己的靈魂失去連結。當你偶爾停下來去禱告（我說的不是跟上帝要東西的那種禱告，而是與上帝在安靜中一同坐席），你嚴重焦躁、無法集中注意，導致思緒安定的時間不夠長而無法享受天父的同在。你跟朋友相處的時候也是一樣，你的軀殼跟他們相處，心思卻黏在手機上或飄到九霄雲外，想著一連串待辦事項。甚至你在獨處時，遇見自己空洞的靈魂而隨即逃回忙碌和數位干擾的熟悉節奏中。[6]

現在數數看，十項裡面，你中了幾項？七項？八項？

別擔心，你不孤單。[7]現在，拋開你所感受到的任何一絲愧疚或羞恥，因為那些都無濟於事，也不出於上帝，更不是我安排這個小小評量的本意。

我的重點是：過度忙碌、行色匆匆的生活是西方世界的最新常態，而且具有**毒害性**。心理學家告訴我們，焦慮經常是警訊，是靈魂提醒我們的方式，告訴我們有些事情嚴重不對勁，必須快快修正。最近研究顯示，39%的美國人民表示自己比過去一年更加憂慮。[8]不過，你需要關注的不是情緒流行病本身。我祖母曾經說過：「蠢事不會因為大家都在做，就會變成聰明事。」

我前面說過，匆忙不僅威脅我們的情緒健康，還會威脅到我們的屬靈生活。湯馬斯・默頓（Thomas Merton）曾經將「現代生活的匆忙和壓力」稱為「一種普遍的當代暴力」。[9]**暴力**，好完美的形容。

匆忙扼殺了關係。愛需要時間；但匆忙給不出時間。匆忙扼殺了喜樂、感恩、欣賞；匆忙的人沒有時間享受此時此刻的美好。匆忙扼殺了智慧；智慧只在安靜和緩慢中形成。智慧有自己的步調，智慧使你等候──等待著直到你波濤洶湧的思緒風浪平息之後，內在的聲音隨之從表面浮出。匆忙扼殺了我們珍視的一切：靈性、健康、婚姻、家庭、工作、創意、慷慨，還有你所看重的一切。匆忙是社會放任不管的一頭反社會猛獸。

韋恩・穆勒（Wayne Muller）所著的《安息日》（Sabbath，暫譯）一書令人動容，他寫下他的觀察：「成功」的生活已然成為一種具有暴力性質的冒險計畫，我們向自己的身體開戰，將它推向極限；我們向子女開戰，因為在他們受傷、害怕、需要陪伴時，我們挪不出足夠時間；我們向靈魂開戰，因為我們的注意力被霸佔，沒空去傾聽那些設法使我們獲得滋養和更新的安靜聲音；我們向群體開戰，因為善良和慷慨是不安全的，需要戰戰兢兢捍衛自己的一切；我們向地球開戰，因為沒有時間「腳踏實地」耕種，體驗土地的餵養、享受它的祝福，並表達我們的感謝。[10]

一生追求靈性的非基督徒詩人瑪麗・奧利弗（Mary Oliver）寫過類似的話：「專注是奉獻（即祈禱）的開始。」[11] 敬拜和喜樂就從注意力轉向上帝的那刻開始，也就是那位在每一刻與我們同在的上帝。身為耶穌的學徒，這是我們最主要的任務，也是惡者謀劃和對付我們的關鍵點。許多人已經留意到，現代環境是「虛擬化」陰謀與內在生活的

一場抗衡。不難看出，這一切的背後有一股比單純資本主義還要黑暗的勢力。如果我們倉促走過那一大片數位訊息的領土而不加分辨，就會讓惡者得逞。注意力是每一個人的稀有資源，與收入高低無關。耶穌的智慧告訴我們：「你的財寶在哪裡，你的心也在那裡。」[12] 我們通常將財寶詮釋為兩項基本資源：時間和金錢。然而，注意力是更為珍貴的資源。少了注意力，靈性生命就會胎死腹中。

因為注意力會帶來**覺察**。所有實踐默觀（contemplative）的人都同意這一點。神秘主義者指出，我們缺少的正是覺察，意思是在「感覺不到上帝」的這個長期問題中，原因並不出於上帝。上帝無所不在，任何地方都有上帝，任何時刻祂都在其中。我們對上帝的**覺察**才是問題所在，而且情況變本加厲。

有太多人，一整天生活下來也感覺不到上帝的同在。我們談論著祂的缺席，彷彿這是神義論（theodicy）中某個了不起的議題。我明白你所經歷的心靈暗夜。但是除了少數例外，或許我們才是缺席的那一方，而不是上帝。我們閒來無事便沉浸在手機、電視、待辦清單中，對環繞我們、與我們同在、**在我們裡面**的上帝渾然不覺。甚至沒發現，其實祂比我們更想要建立關係。

這就是我反覆討論科技的理由。為了教會令人憂心的未來，我甘冒風險，不顧我這番言論有可能聽來像是出於一個滿臉鬍子、口沫橫飛的邪教狂熱領袖，或一名霍霍磨著利斧頭的盧德份子。因為這背後還有比注意力長度更為嚴重的

事情。

你將注意力放在哪裡，你就會變成那樣的人。

換個方式說：思想是靈魂的入口，你裝進腦袋的東西會形塑性格的發展路徑。最後，你的人生只不過是你所關注事物的總和。對耶穌學徒而言，這句話是個好消息，他們大幅關注耶穌、留意環境中一切真善美之事物。但是對那些二十四小時關注充滿憤怒焦慮的重播新聞和灑狗血連續劇、不間斷名人八卦、挑逗性信息、胡謅言論的人來說，就不是這樣了。似乎只要我們最初「給過」這類訊息一點注意，就會有一個很聰明的演算法來大量竊取我們寶貴的注意力，背後的目的是將我們的注意力變現。

再強調一次：無論好壞，我們留意什麼，就會變成什麼。

我所認識最坦誠的那些人告訴過我，他們總是無法專心進入與上帝同在的狀態。如果我們失去了專注於上帝的能力，於長期，甚至短期，誰知道我們會變成什麼樣子？

你看，匆忙不僅有害情緒健康和靈性生活，還會顯出許多深層的內心問題。我非常喜歡約翰·奧伯格的說法：「匆忙不僅僅是時程上的混亂，更是內心的失序。」[13] 匆忙往往是其他問題的指標，這背後還有更深的問題。通常是為了逃離某些事物——父親的傷害、童年創傷、家族問題、高度缺乏不安全感或自我價值感、害怕失敗、對人類的有限無法接受而到達病態程度，或單純厭倦中年的平庸。

也有可能是為了追求某些事物——促銷、購物、體驗、各國的護照蓋章、下一次的亢奮，徒勞的追尋著世俗經驗所無法提供的自我價值感、愛和接納。在菁英所管理的西方社會中，我們很容易會將自我價值建立於下一次的業績獎金、季度報告、音樂單曲、講道、IG 貼文或新玩具。於是我們總是氣喘吁吁，追逐著永遠捕捉不住的風。

匆忙有時未必如此戲劇化：我們只是過度忙碌，單純是現代社會下權利義務的受害者，並非為了逃避現實而自受其害。但無論如何，它對我們的影響是一樣的。這就是威廉．歐文（William Irvine）所說的「誤入歧途」（misliving）。他在《善用悲觀的力量》中寫道：「你會面臨一種誤入歧途的危險——無論你人生在世做過什麼事、享受過什麼悅人的消遣，終究會覺得一生可悲。換句話說，這是一種臨終危機，在你人生最後一刻回顧時才發現，你浪費了這個好好活著的機會。你沒有將人生用來追求真正有價值的事物；你容許自己被生活中形形色色的小玩意分散注意，而虛度了光陰。」[14]

引用拿撒勒人耶穌讓人難忘的這句話：「人就是賺得全世界，賠上自己的生命，有甚麼益處呢？」[15]

你是否已經賠上靈魂？或至少其中一部分？你想拿回來嗎？請繼續閱讀下去。

第二部分 解決辦法

Part two:
The solution

提示：擁有更多時間並非解決辦法

所以，我們的問題是——時間。但事實上，請仔細聽好，擁有更多時間並不是解決辦法。

我發現自己常說：「我希望每天可以多出十個小時。」然而就算我自言自語這句話，我心裡明白這個邏輯並不正確。想想看，即使上帝真的像是由羅賓・威廉斯（Robin Williams）配音，會幫助我實現每一個願望的神燈精靈，甚至會為我改變宇宙結構，讓我每天多出十個小時，那麼我會如何使用這十個小時？我會跟大多數人一樣——用更多事情填滿它，然後變得更累、更倦怠、情緒一觸即發、靈性出現危機，情況比現在更嚴重。

請別誤會，我會以有益甚至非常重要的事情來填滿這十個小時。我會重拾音樂，練好貝多芬的《悲愴鋼琴奏鳴曲》並成立樂團；我會閱讀托爾斯泰（Leo Tolstoy）的《安娜卡列尼娜》，還有大衛・福斯特・華萊士（David Foster Wallace）個人圖書館的所有藏書；我會去小孩的學校當志

工，加入我們教會「餵飽遊民」的每日行動計畫；我會多跟鄰居往來、多陪陪孩子、成為主廚——對，一定要的；我還會加入 CrossFit 的健身計畫，練平我的腹肌，再去大吃一頓西班牙菜；我還要去旅行，尤其是可以向人展示腹肌的景點；然後我會回學校唸書；最後，還要看完《白宮風雲》影集（我才看到第五季）；我要寫詩。我還要……等一下，我想，我已經用完了這額外的十個小時，甚至超過。但是**老問題還在**。

那你會如何利用？定點跳傘？編織冬季外套？成立非營利組織？無論你做什麼，最後很可能都會跟我一樣——比以前更累。

我的重點是：解決生活過度忙碌的問題，不在於擁有更多時間。放慢速度、簡化生活，並以要事作為生活主軸，這才是解決之道。

市面上有許多像麥基昂（Greg McKeown）和密爾本（Joshua Fields Millburn）那樣厲害的作家和思想家，撰寫過關於專準主義（essentialism）和極簡主義（mini-malism）的好書。我也讀完了。[1] 但是這些概念其實是基督的追隨者們，老生常談了兩千多年的東西。我們稍後會討論耶穌的生活方式和匆忙之間的關聯。不過，現在請先看看創世紀，也就是聖經的第一卷書是怎麼說的。這上面明確說到，我們是「按著上帝的形象」被創造的[2]，而且是「用塵土造人」。[3]

人是照著上帝的形象和塵土所造的。

按著上帝的形象所造，意味著我們充滿潛力，我們的基因中有神的能力；我們肖似上帝，映照出祂的行為，像祂一樣治理大地，並在其中收集祂所造的材料，改造出適合人類居住繁榮昌盛的環境。不過，故事到此，只說了一半。因為我們也是塵土所造，「塵歸塵，土歸土」代表著我們是最原始的物質，是可分解的容器。這說明了我們天生就有局限，因為我們不是神。我們會面臨死亡，不會長生不老；我們有極限，並非無限。

按著上帝的形象和塵土所造。

潛力和極限。

我們跟隨耶穌當門徒的最主要任務之一，就是將我們的潛力和極限活到極致，充分活出潛能的討論有很多，我全都贊同。關於踏出去、孤注一擲、對上帝有信心、追求上帝放在你心中的夢想、活出你被造形象的豐富色彩。不過，這同樣只是故事的一半。因為無論在社會或教會，你都很少聽到人說：「要接受自己的極限。」聽聽這個書名，是不是挺像紐約時報暢銷書？《接受你的極限：如何接納人的終將一死和在宇宙間的渺小》。好吧，即使我的出版商再厲害，估計也不會想要出版這樣一本書。[4]

我們生活在一個凡事都想超越極限，卻不肯接受極限的文化中。我們想要竊取更多時間和空間，想要「像上帝一樣」。[5]我們想看每一部新片、聽每一集 Podcast、讀每一

本新書和經典名著、聽每一張唱片、去每一場音樂會、不放過任何一次自駕旅遊、走遍每一個國家（收集護照蓋章，真是夠了，好嗎）、吃遍每一家新餐廳、喝遍每一家新酒吧、跟每一個新面孔交朋友、解決每一個社會問題、在每一個領域嶄露頭角、贏得每一個獎項、名列每一份名人錄。不妨看看這些社群媒體熱門標籤——#YOLO 你只活一次；#FOMO 錯失焦慮；#imsostressedouticantbreathe 我太焦慮不能呼吸。（譯註：#YOLO，及時行樂或做瘋狂難忘的事；#FOMO，錯失焦慮症或社群恐慌症，擔心自己一旦離開社群網路就會落伍或變成邊緣人，通常是在看到貼文後而產生的焦慮）

聽說過「娛樂焦慮」（entertainment anxiety）嗎？我喜歡這個說法。現在吸引人的電視節目、影片和藝術作品已經多到讓人消化不完的地步。所以每次有人問我「你看過那個什麼了吧？」我心中就會升起一股焦慮：不會吧？又多了一個沒看過的電視節目？我說過，我的《白宮風雲》已經落後三季（有點忘記我一九九〇年後期看到哪了），然後最近我又發現一部獨立製作的迷你影集《夜班經理》。顯然我**必須判斷**，我想不想為了凸顯自己很酷和具備文化水準，再花額外二十小時去追劇。真要命⋯⋯

不過，我要跟你說個好消息，而且是天大的好消息——**你不可能樣樣都做。**我也同樣辦不到。我們是人，同個時空中，一次只能待在一個地方。這很惱人，但我們就是不可能無所不在。我們有極限、有很多極限，而且不只限於以下這

幾種：

1. 身體──我說過，我們一次只能待在一個地方，因為你我不是星際大戰中的天行者路克；於是，這就觸碰到了我們的極限。

2. 思想──使徒保羅說過，「我們現在所知道的有限」[6]，而最大的問題是，我們不知道自己不知道。沒有人是百科全書，我們都有疏漏之處。聖經有句話說：「我的民因無知識而滅亡。」[7]我們不知道的事物往往可能會傷害我們。而智商無論高低，都是我們的個人極限。沒錯，我們的大腦可以跟肌肉一樣，靠著鍛鍊而發揮全部潛能。但是無論我閱讀或研讀多少書、拿多少學位，對於許多我最景仰的人所擁有的智慧，我這輩子就是不可能擁有。這項限制相當明顯。

3. 恩賜（天生才能）──正如智慧，對於許多我最敬仰的人所擁有的恩賜，我就是不可能擁有。與人比較，吞噬了我們的喜樂，不是嗎？無論你比較的是什麼──親子教養、繪畫、音樂、創業力、摺紙手藝，永遠都有人比你屬害。永遠。好殘酷，對吧？但為什麼要這樣？到底是哪些人類共性，讓大多數人無法一面祝賀比我們更有恩賜的人，一面歡慶自己最好的成果？從什麼時候開始，我們衡量成功的標準，不再是自己的辛勤付出，而是名人們望塵莫及的成就？

4. 性格和情感連結──人的能力是有限的。我是內向

型人格。我跟人建立深刻關係，但是關係範圍比較狹窄；而且生性憂鬱。我不樂意承認，但的確有人比我的能力**強太多**。他們具備了與更多人建立關係的能力，能夠承擔更多責任、更善於因應焦慮、承受更長的工作時數、領導更多部屬等等；而這些全都是我連做夢都辦不到的。就算是最進化版的我，也無法兼具全部的能力。

5. 原生家庭——沒有人是石頭縫裡蹦出來的。有人因出生背景帶來優勢，有人卻因此而發展受到阻礙；有人因母親養育方式或父親缺席而受傷；有人不信任父母或停留在表面信任；有人家族世代清寒，家庭早在我們出生以前，為我們的人生設下某些限制。

6. 個人出身（社經階層）——美國是個圍繞著「社會沒有階級」的迷思而建立的國家。在這個迷思中，實則深藏了不公平的陷阱。真相是，即使這片土地充滿機會，有些人的機會就是比別人多。美國人最大悲劇之一，在於特權往往（至少經常）與膚色有關。如果你跟我一樣是個中產階級的白人男性，你很快就會發現自己人生競賽的起跑點是三壘，你身邊某些朋友的起跑點卻是停車場，而這場被操控的競賽對你更為有利。不過話說回來，無論你在西方社會階層中的起點有多高，總有人在你之上。永遠如此。

7. 教育和事業——如果你從高中退學，那是一項限制。如果你有哈佛博士學位，說來奇怪，那也是一項限制。你有可能受到事業所侷限，可能因為你做不來低薪或體力無法勝任的工作，可能因為你太成功，不得不瘋狂超時工作來確保

一切順利運轉。

8. 人生階段和責任 —— 我們在上大學、撫養小孩、照顧臨終父母或其他階段，真的幾乎擠不出時間給別人。有很多人已經留意到，人在年輕時，尤其單身階段，多半沒錢、有閒。但隨著年齡增長，能夠做出足以界定人生樣貌的選擇之後，畫風就完全改變：我們現在多半有錢、沒時間。

我快要四十歲了；我有房、有錢、偶爾出去用餐，甚至每隔一兩年去夏威夷考艾島度假一次 —— 這些都曾經是我二十歲時的幻想。但現在的我，一刻不得閒。在我的牧師角色和更為重要的家庭責任（丈夫和父親角色）之間，每天事情滿檔。家庭是一種限制，我曾經想過把我的孩子改名為：扯後腿一號、扯後腿二號、扯後腿三號……為他們，我付出代價。而所有的關係都一樣，尤其親子關係，都需要我們付出大量時間、體力、注意力。這不是壞事；關係是很奇妙的，只不過養家階段對人生的限制長達二十多年。

9. 幸運的話，人可以活到八十歲左右 —— 當然誰也保證不了這一點。但無論活到十八歲或一百零八歲，人生轉瞬即逝。新約聖經有一位作者形容人生是「一片雲霧」。[8]所以，根本不可能想做什麼就做什麼，至少我這個階段辦不到。

10. 上帝向我們發出的呼召 —— 我說到這一點的時候有些遲疑，因為很容易招來誤解。然而，上帝對每一個人的呼召，都挾帶著某些限制。我想到彼得對約翰的呼召又羨又

妒，因為他自己最後被倒掛在十字架上而死。耶穌不得不慈愛地責備彼得：「那跟你有什麼關係？你必須跟隨我。」[9]這也是我們許多人必須聽見的話，並從中獲得自由。

然而，只有這些極限嗎？當然不是，我只不過是舉例。我的重點是，我們不僅受到時間的限制，還會受到情緒、社會、經濟和更多因素的限制。所以，假設我們不去抗拒這些限制，而是帶著感恩的心，接受「極限是上帝呼召我們時所設下的路標」呢？我喜歡彼得‧史卡吉羅所說：「我們在個人生命的極限中，發現上帝的旨意。」[10]請別誤會，我們的潛力也是如此。我所說的可能會招人誤解，客氣一點的人，會說我這些話不符合美國精神，不客氣的人，會說我有失公允。

然而，我懷疑耶穌的本意其實是要讓窮人變成中產階級、讓中產階級變富有。耶穌祝福幾千名「心靈貧乏」的人[11]，祂在山上講道（登山寶訓）[12]，讓他們帶著祝福回家。雖然貧困依舊，卻得到祝福。耶穌的目的是要醫治受傷的人，因為醫治經常帶來財富、機會或影響力。我完全贊同。畢竟，我們是為了管理大地而被創造出來的。因此，最讓我喜樂的，莫過於看見人們在社會上，因為被放對位置而成為充滿愛心、智慧、創造力、有影響力的治理者。我要說的是：限制未必不好，限制是我們發現上帝旨意的地方。

無論人生起步高低、聰明程度、工作有多努力、是不是 A 型人格，我們共同的極限是時間。無論你是跨國企業執行長，還是退休的校車司機；是單身人士，還是承擔七口

之家的生計；是住在高樓林立的全球化都市，還是住在沒手機信號、沒 Wi-Fi 的肯薩斯中部農莊——每個人都一樣，每天只有二十四小時。

我們根本不可能見過、閱讀過、觀賞過、嚐過、喝過、體驗過、做過每樣事物，或待過所有地方。我們別無選擇。人生是一系列的抉擇。我們每答應一件事，就拒絕了另外上千件。我們投入時間進行一項活動，就沒有時間分給另外上千個活動。因為別傻了，我們不可能同時分身兩地。

我們必須學習說不，而且要**常常說不**。安妮‧拉摩特（Anne Lamott）曾經幽默指出：「『不』，是一個完整的句子。」[13] 而我們必須努力將它加入常用字彙。套用梭羅（Henry David Thoreau）的話來說，我們必須「有意識的活著」。我剛讀完他很有名的回憶錄《湖濱散記》。書中描述他住進森林整整兩年放慢步調並簡化生活的經驗。我們來讀讀這一段：「我住進森林，因為我想要有意識的活著，看看自己在單純面對生活基本需要的情況下，能不能學會人生想要教給我們的功課。免得我走到人生盡頭，才發現自己從來沒有活過。」[14]

你是否曾經暗暗懷疑自己在臨終時刻，盤踞腦海的想法是：不知何故，你竟在一切倉促、忙碌、瘋狂的活動中，與許多最重要的事物失之交臂？不知何故，你展開事業，卻最終失去婚姻；不知何故，你順利將子女送進他們夢寐以求的大學，卻從未教導他們耶穌的生活方式；不知何故，你贏得某些頭銜，卻發現懂得多不等於有智慧；不知何故，你錢

賺很多，但在人生至關重要的事情上，卻一直乏善可陳，而且諷刺的是，這些重要的事全都跟物質無關；不知何故，你看完了十四季的某某影集，卻從沒學會愛上禱告。

我認為以上討論最可怕的一點就是：大多數人浪費了大量時間，包括我自己；而我們所討論過的匆忙和超負荷，大多是自己造成的。菲利普・津巴多（Philip Zimbardo）最近針對《男性衰落》（The Demise of Guys，暫譯）（即西方文化中的男子氣概危機）所做的研究結論顯示，男性在二十一歲之前，平均耗用一萬個小時打電玩遊戲。[15]

說到這個，我想到另外一個研究：人在經過一萬個小時（刻意）練習後，可以熟練任何技能或成為任何領域的專家——從蘇美考古到奧運水球。一萬個小時，一個人可以完成大學和碩士學位，也可以牢記整本新約聖經；或者，將《決勝時刻》遊戲努力升級到第四等。

我們如何運用時間等於我們如何度過人生，也等於我們變成（或不變成）什麼樣的人。顯然，我是個「讀書人」，因為我每週閱讀兩、三本書，這等於每年平均閱讀一百二十五本。我很喜歡這種感覺，至少我做到了。直到我看到知名網路作家的文章才發現，美國人的每分鐘平均閱讀速度為二百字到四百字。用這個速度，我們每年可以閱讀兩百本書，而且只需要花上四百一十七個小時，就可以逼近我閱讀成果的兩倍。

聽起來很多，對吧？四百一十七小時，等於一天一個

多小時。但是你猜得出一般美國人每年在社群媒體上花了多少時間？七百五十個小時。電視呢？兩千七百三十七點五個小時。

意思是，我們只要將花在社群媒體和電視上的一小部分時間挪出來看書，每個人都會是熱愛閱讀的人。這位網路作家感嘆道：「閱讀大量書籍背後的唯一真相其實一點也不難，我們擁有夠用的時間。但最可怕的一點也最容易忽略的是——我們太沉迷、太軟弱，導致我們太難專注於明知重要的事情上。」[16]

如果這對閱讀而言是事實，那麼，我們與神同在的生活豈非更是如此？一年有幾千個小時，我們還能用在哪裡？早上搭公車玩 Candy Crush 的二十分鐘，可以為我們每一位朋友和家人禱告一輪。睡前看一小時電視的時間用來讀經，只要六個月就可以讀完整本聖經。辦雜事和採購無用物品的白天時間，可以用來操練如何過安息日——將人生七分之一的時間投入在休息、敬拜，並慶祝上帝美好同行的人生旅程。

你明白我想要說什麼嗎？遠在梭羅遷居森林之前，使徒保羅就說過：「你們要謹慎行事，不要像愚昧人，當像智慧人。要愛惜光陰，因為現今的世代邪惡」。[17]

聖經中，「愛惜光陰」的希臘原文有三種翻譯方式：

· 贖回時間。

．充分善用每個機會。

．充分善用每次偶然。[18]

　　日子是偶然，時間是機會，每時每刻都是珍貴的禮物。你如何運用時間？浪費在瑣事上，還是投資在與永恆生命有關的事情上？大多數人當然**想要**明智運用時間。但我們當中許多人，並不是孑然一身的使徒保羅，也不是富裕的單身貴族梭羅。我們討厭自己變得這麼嚴重上癮、這麼容易分心。

　　所以，換個方式問問題或許更為恰當：我們如何不必拋家棄子隱居山林並自行覓食，就可以「有意識的活著」？我們如何「就在」這個充滿雜音的混亂中，「就在」這個被我們誤以為是家園、節奏飛快的都市和數位環境中，放慢步調、簡化生活、活得有意識？

　　答案很簡單。當然是：跟隨耶穌。

輕省負軛的秘訣

現在來談談大家一直在問的問題：前面討論的內容，究竟與跟隨耶穌有什麼關聯？這個問題，你可問對人了，我是牧師和傳授耶穌之道的老師。但我不是心理治療師、自我成長大師或時間管理顧問，也不是說話比較中聽的勵志演說家。因為我比較常說的一句話是：「請將聖經翻到……」；而且我不會提供微型創業成功的訣竅和技巧，也不會制定飲食計畫來徹底改變你的晨間作息，可惜我並不會這麼做。

不過我猜，你不會單純因為對匆忙感到共鳴而繼續閱讀這本書。而是你發現耶穌的生命，對你具有一定程度的吸引力。（要不然就是單身的你，覺得送你這本書的異性很有吸引力。無論是哪種誘因，我很高興你翻閱這本書）如果我是賭徒，我敢打賭，早在我開口之前，你已憑直覺和聰明的腦袋猜出了匆忙與靈性之間的關聯。我只不過是將語言、歷史、資料組合成你已經知道的事實：匆忙是我們的困擾。如果你現在還沒放下這本書，表示要麼你是那種只要打開一本書，就非得讀完它的那種人（我也有這種毛病），要麼就是你對我還有足夠信心，認為繼續讀下去，會有機會找到答

案。

讓我告訴你，耶穌對「匆忙症」這個流行疾病是怎麼說的。首先，耶穌是一位拉比（rabbi，希伯來語中教師的意思）。當然，祂還有更重要的身分，就是救世主彌賽亞和上帝的化身。我個人深信這一點。但如果你是一世紀的猶太教徒，那麼對於某個安息日早晨出現在猶太會堂中的耶穌，你很有可能會將祂歸類為拉比或旅行中的聖人。

耶穌跟當時的拉比，有兩點雷同之處。第一，耶穌有「軛」。這當然不是真的牛軛；祂是老師、不是農夫。一世紀的人常用「軛」來描述拉比緩慢深讀上帝話語的方式。不僅如此，「軛」也代表一名拉比對「生而為人」的全套教導，其中涵蓋了他承接各種人生重擔，且時而步履蹣跚的樣式，從婚姻、離婚、禱告、金錢、性、衝突解決到政府等，不一而足。對許多生活在非農業社會的各位來說，負軛的畫面相當奇特。不過，還是不妨想像一下：兩頭公牛同負一軛，並肩拉車或犁田的景象。「軛」是你承接人生重擔的方式。耶穌並不是因為有軛而與眾不同，所有的拉比都有。主要的原因在於祂的軛是**輕省的**。

第二，耶穌有學徒。希伯來文中用的是 *talmidim* 這個字，並通常翻譯成「門徒」，但我認為譯為「學徒」更貼近 *talmidim* 的原本含義。成為耶穌的 *talmidim*，就是跟著耶穌當學徒。說更清楚，就是圍繞三個基本目標來規劃你的生活：1. 與耶穌同在 2. 變得像耶穌 3. 效法祂的行為。（假設祂是你，祂會怎麼做）

學徒制度的目的，是為了在生活中**全然效法**耶穌的生活方式。這個做法可以讓靈魂恢復健康；讓生命受到扭曲的部分回復原狀；讓我是誰（being）的最深處經歷醫治；讓自己體驗耶穌所說的「活得豐盛」[1]。新約聖經中稱之為「救贖」[2]。請記住，希臘字 *soteria* 除了翻譯成 salvation（救贖），也翻譯為 healing（醫治）。而當你在新約聖經中讀到耶穌「醫治」這些人、「拯救」那些人時，這些詞語的希臘文也都是 *soteria*。所以，救贖就是醫治。而 salvation 這英文字則是源自於拉丁文的 *salve*，意思是在傷口塗抹藥膏。

耶穌就是這樣的——祂從靈魂深處醫治人、拯救人。那方法是什麼？透過跟隨耶穌當學徒。所以無論耶穌走到哪裡，祂從不停止發出邀請。祂常說：「來，跟從我。」[3] 或是：「來，做我的門徒。」

因親近耶穌或跟隨而得醫治的人，耶穌一定會對他發出上面這份邀請，我非常喜歡。不過，讓我們先回來看看耶穌的另一項邀請。這份邀請記載在新約聖經馬太福音十一章。雖然未必人人耳熟能詳，卻是目前為止我最喜歡的一段話。現在請配合我，將這段話再讀一次。只是這次要一個字、一個字慢慢讀，給自己時間消化和吸收：「凡勞苦擔重擔的人，可以到我這裡來，我就使你們得安息；我心裡柔和謙卑，你們當負我的軛，學我的樣式，這樣，你們心裡就必得享安息，因為我的軛是容易的，我的擔子是輕省的。」[4]

好，我們再讀一次。更慢一些。深呼吸；不要急；此時此刻，上帝有份禮物要給你：

「凡勞苦擔重擔的人，

可以到我這裡來，

我就使你們得安息；

我心裡柔和謙卑，

你們當負我的軛，學我的樣式，

這樣，你們心裡就必得享安息，

因為我的軛是容易的，

我的擔子是輕省的。」

接著，來讀尤金・畢德生《信息本聖經》中的同一段，請慢慢讀：

「你是否疲憊？精疲力盡？在信仰中倦怠？到我這裡來。跟我走，你的人生就會重新得力。我會告訴你如何獲得真正的休息。與我同行、與我一同工作——觀察我怎麼做。學習不勉強、不用力的優雅節奏。我不會將沉重或不合適的東西放在你身上。與我為伴，你將學會自由和輕省的活著。」

「學習不勉強、不用力的優雅節奏。」好棒的一句話。

這是一份邀請——邀請所有疲倦、精疲力盡、焦慮的人，邀請所有正在塞車、工作進度落後、拼命灌咖啡撐過一天的人。有沒有人符合這項邀請？讓我換個問法：有誰**不符合**這項邀請？

安・皮特森（Anne Petersen）在網路媒體《BuzzFeeds》上發表的《千禧世代如何變成精疲力竭的一代》一文

中說：「倦怠不是短期暫住的觀光勝地，而是永久的居所。」以往專屬於紐約日間交易員或急診室醫生的倦怠經驗，現在竟成為大多數人的日常。皮特森以旁徵博引的方式批判了價值一百一十億美元的自我實現產業和紓解倦怠無效的一日SPA。然而，針對本世代的倦怠問題進行冗長分析之後，她試圖提出的唯一建議是：「民主社會主義和工會。我們開始了解到困擾我們的原因，但這不是臉部注氧護膚或跑步機可以解決的。」[5] 我不反對工會，對民主社會主義也沒有意見（別論斷我——別忘了，我住在波特蘭！）不過我很懷疑，對付倦怠，精油難道不比這些更管用？

耶穌邀請我們「負祂的軛」，在人生旅程中與祂同行、學習祂如何輕鬆承擔人生的重量、暫離令人疲憊的社會、進入靈魂得以安歇的生活。這聽起來滿不錯的。不過，其中有一個大家避而不談的問題，請問你們當中有多少人，在讀到耶穌這份邀請時，心想：

「在我的能力範圍內，我認為我是耶穌的跟隨者；不過，我真的好累。」

「我的精力消磨殆盡；倦怠感幾乎如影隨形。」

「想聽實話？我對信仰有些厭倦。」

「怎麼回事？我錯過了什麼？」

經過多年波折，我才搞清楚自己的確錯過了一個一直擺在我眼前的事實，而我對它視而不見。

現在，仔細聽好：如果你在教會長大，你很有可能非常熟悉馬太福音中的一段話。這段話在某些圈子中甚至已經變成老生常談。我是一九八〇年代長大的（根本不像影集《怪奇物語》演得那麼酷），那個年代，基督徒家庭的老奶奶會在十字繡上繡出聖經句子，裱框起來掛在浴室的肥皂盒旁的牆上當作裝飾。你猜我想表達什麼？沒錯，這段經文曾經是西方國家老奶奶們的最愛。可是這個做法有一個危險，就是很容易對它麻木，甚至視而不見。

這份來自耶穌、人們視而不見的邀請，魏樂德稱之為「輕省負軛的秘訣」。關於馬太福音十一章中的這份邀請，他寫道：「這個真理中隱藏著輕省負軛的秘訣，涉及了如何像耶穌一樣，活出生命的全部。這秘訣就是，身體力行祂的生活方式。我們最大的錯誤在於誤認為跟隨耶穌就是愛我們的仇敵、多走一哩路、讓人打另一邊臉頰、在受苦中恆久忍耐並心存盼望——但個人生活的其他層面，卻與一般人無異……這種生存策略注定失敗。」[6] 對於「輕省負軛的秘訣」，魏樂德的說法簡單而深刻。轉換成我的說法是：「如果你想要體驗耶穌的生命，你必須身體力行祂的生活方式。」

老規矩，再說一次：「如果你想要體驗耶穌的生命，你必須身體力行祂的生活方式。」當我恍然體悟到這一點，我的一切都隨之改變。讓我用一個小故事來說明。

我居住的社區位於波特蘭市中心邊緣，這社區的組成彷彿是這個城市的縮影。對面那棟大樓裡住了不少單身人士，

他們基本上都是 Nike 的活廣告。Nike 總部位於波特蘭郊區。我不確定他們是這個品牌的員工，還是有被贊助。不過這六個人都熱愛跑步。我自己也跑步，但我不是**跑者**。你懂我的意思吧？他們是真正的跑者。

清晨時分，當我坐著喝咖啡、禱告的時候，通常會看見他們走出大門，預備晨跑、迎接日出。可想而知，他們穿的是緊身衣。相信我，他們身材好得不得了，個位數的體脂肪，精瘦的肌肉，抬頭挺胸、無懈可擊的體態。然後，他們開始飛躍，呃，對啦，是跑步。可是他們更像是羚羊飛躍而不是人類跑步。我是說真的。他們暖身跑步的速度，比我全力衝刺還快。（我承認我的間歇跑訓練還得加把勁，不過他們真是夠快的）

每次我看到他們一眨眼就跑不見，我就會心想，我也想跟他們一樣。我想要擁有穿緊身衣的身材。我渴望六分鐘跑一英里而不出汗。我想要同樣水準的健康、能量和活力。

我想要那樣的生活。但是我一想到這背後的代價：當我喝著紅酒、觀賞《高堡奇人》影集，半夜十二點才睡覺（我保證，這場景是我虛構的），他們卻要啃芹菜配白開水當晚餐，晚上九點上床睡覺；當我清晨身穿浴袍、享受肯亞單品咖啡時，他們必須滿頭大汗待在戶外，不畏夏日溽暑、冬日嚴寒；當我跑步，聆聽 Podcast 或盯著天空構思主日講道時，他們必須為了擴展肺活量，每跑四百公尺，就來一次間歇衝刺。

經過分析成本效益，我毅然決定：雖然晨霧中穿著緊身衣的身影帥斃了，可是叫我吃那種苦頭實在划不來。我還是看著他們跑就好了。真相是，我想要那樣的生活，卻不願意身體力行它背後的生活方式。我想，這正是許多人對耶穌的感覺。

我們讀了耶穌的故事，看見祂的喜樂、面對不確定時的平靜安穩、一無掛慮的存在、從容不迫的態度、活在此時此刻的真實——心想，我想要那樣的生活。我們聽見祂「活得豐盛」的公開邀請——心想，我也要加入。我們聽說祂的軛輕省、靈魂深處得以安歇——心想，**對，太對了，我需要**。只是我們不願意身體力行祂的生活方式。

然而，耶穌的生活方式值得我們付出代價。事實上，你所獲得的，會遠遠超過你所放棄的。而這當中，有一個十字架，沒錯，就是死亡；但我們隨後進入的空墳墓，正是通往全新生命的大門。在耶穌的方式中，總是先有死亡，才有復活。

我深信，西方教會早已忽略一項事實：耶穌的道是一種生活方式而不是一套想法（神學），也不是一串該做和不該做的清單（倫理）。我的意思是，耶穌的道不僅僅限於神學和倫理，而是一種以耶穌的道為依據的生活方式。我長大的教會很重視神學和倫理，卻對生活方式幾乎隻字未提。然而，生活方式也代表了金錢的去向。

翻閱尤金·畢德生的《信息本聖經》的同時，我們來

看看他的文章，對耶穌身分的比喻是怎麼說的：「耶穌的方式，結合了耶穌的真理，形成耶穌的生活。然而，耶穌身為真理的比喻，遠比耶穌身為道路的比喻獲得更多關注。我在北美任職牧師五十年。在我服事過的基督徒當中，『耶穌是道路的比喻』是大家最常迴避的主題。」[7]

不強調「以耶穌之道作為生活方式」，我的教會顯然不是唯一。多麼令人痛心的偏誤。你的人生是生活方式的產物。我所說的人生，指的是你生而為人的生活經驗，而生活方式便是構成你每天存在的節奏和日常慣例，包括你如何安排時間、如何使用金錢。

商業文學中有一句話我很喜歡：「每個體系都被完善設計，用來達成所要達成的結果。」這句話從體系的基本主軸到不知名的小零件，全都適用，但是我更喜歡將它全面運用在生活中。

如果你所達成的結果很糟糕，焦慮累積、輕度憂鬱、高度壓力、長期情緒倦怠、對上帝的存在幾乎無感、無法專注心思於有益人生的事物等，那麼很有可能是你的體系，也就是你的生活中有某些東西不對勁了，例如：你的晨間或晚間作息、行程表、預算、你跟手機的關係。換句話說，在你管理時間、金錢、注意力等資源的方式上，某些地方出了問題。

有句話常常被引用：「精神失常的定義就是一再重複相同的事情，卻期待獲得不同的結果。」而我們就是這樣，

我們知道活在耶穌裡會是什麼樣的人生；我們透過上教會、閱讀、聽 Podcast；我們瞥見自己迫切渴望充滿情緒健康和靈性的生活。於是直覺告訴我們，是的，上帝，那就是我想要的生活。我們帶著高昂的意志力從教會出來，打算立刻改變，結果一進家門就瞬間回到原本的生活方式，什麼都沒變。同樣的循環繼續重複：壓力、疲倦、注意力分散，被卡住的感覺再次產生。於是我們心想，奇怪，我到底遺漏了什麼？

這種改變方法顯然不管用。

那麼，什麼方法才行得通？老實說，超級簡單。如果你想要「徹底」體驗耶穌的生活方式，也就是有意識地享受上帝的同在，那麼你唯一要做的一件事，就是除了接受祂的神學和倫理，還要採取祂的生活方式，亦步亦趨跟隨祂。就這麼簡單！

只要將祂的生活當作你的模板，效法祂不經意的習性和刻意養成的習慣就行了。學徒原本就該複製拉比的一舉一動，這是學徒制度的真正目的。這就是耶穌口中，負軛的奇特畫面所要傳達的意思。你想想，邀請你為「靈魂找到安歇」，這種說法其實挺不尋常。畢竟，軛是一種農耕工具，而農耕是工作，不是休息。

研究馬太福音的頂尖學者，弗雷德里克・戴爾・布魯納（Frederick Dale Bruner）對「輕省負軛」這項悖論的見解值得一讀：「軛是一種勞作工具。因此當耶穌提到軛，我

們可能會以為祂要給的，是疲憊勞動人口最不缺乏的東西。他們需要的是好睡的床或假期，不是軛。」你可能會心一笑，這個見解深刻而真實。

但耶穌明白，對疲倦的人來說，祂所能夠給予的最佳休息，就是讓人換個方式生活、改用全新的方式去承擔責任。現實主義認為人生是一連串無法擺脫的責任承擔。因此，耶穌不為我們開放逃生出口，而是提供承擔這一切的裝備。耶穌的意思是，聽從祂登山寶訓中的信息（背起祂的軛），我們就會逐漸發展出內在平衡和一種相較以往更能夠獲得安歇且承載生活的方式。[8] 有沒有發現，耶穌的邀請很有智慧。

情緒，甚至靈性，都會為人生帶來重負；這種感覺人人都有，而且隨著年齡與日俱增。輕鬆人生是一種迷思，更是一種混淆視聽的玩意，它是無孔不入的廣告和花招百出的社群媒體所形成的文化副產品。「人生艱難」——這是句點，沒有逗點、沒有但是、沒有附註；這句話，歷史上的智者都曾經說過，而且沒有任何新科技、物質、藥物足以抹除人類的墮落。我們在耶穌再來之前，能做到的頂多是減輕艱難人生的影響。但逃避痛苦，絕無可能。

環境中為什麼會有這麼多上癮現象？除了藥物上癮，人對色情、性、吃喝、飲食控制、運動、工作、旅遊、購物、社群媒體，甚至教會活動等，都有可能形成所謂的一般性上癮。沒錯，上教會也有可能是一種上癮，因為你從教會獲得的如同一劑短效多巴胺，幫助你逃避父親帶來的傷害、痛苦的情緒、婚姻的不幸……這些話題可以寫成另一本書了。

全世界的人，無論是否參與教會，都在尋找逃避的方式，都在伊甸園外的重壓生活下探尋出口，但其實根本無處可逃。世界能夠給你的最佳出路，只不過是暫時分散注意力的方法，讓你繼續拖延或否認你無可避免的艱苦和現實。

這就是為什麼耶穌不提供我們逃生出口，而是給了我們更好的東西：**裝備**。祂建議祂的學徒，採用全新的「輕省」方式，與祂肩並肩，來承擔人生的重量。如同兩頭犁田的公牛，並肩綁在一起，而其中大部分重量，由耶穌承擔。跟隨祂的步調，和緩、從容、活在此時此刻，充滿愛、喜樂和平安。

輕鬆的人生是不存在的選項；輕省的軛是唯一的選擇。[9]

我們真正在談的
其實是生活規則

閱讀四福音書時，你會發現，耶穌從來不匆忙。

你能想像，經過漫長而高壓的一天之後，耶穌對抹大拉馬利亞厲聲說：「真不敢相信你連拿盆豆泥都能打翻？」然後嘆口氣，告訴自己：「我真的需要喝杯紅酒。」

你能想像耶穌一邊跟你說話，一邊忙著在手機上輸入文字，許久才發出一聲「嗯哼」中斷了你的單向對話？

你能想像祂跟你說：「很抱歉，雖然我很想治好你的腿，可是我要趕飛機。因為我明天在耶路撒冷有一場 TED 演說。來，這位是我沒沒無聞的徒弟猶達‧達德（Thaddaeus）。他會很樂意幫你禱告。我得走了。」

或是：「請聯絡我的助理猶大，看看他能不能幫我撥出一點時間給你。」還是：「你是哪家雜誌社的？」你說：「都不是。」祂的眼神立刻變得黯淡。

嗯，不是這樣。

有一個故事說到耶穌的朋友拉撒路（Lazarus）生病了。這裡的朋友，指的是摯友；生病，指的是病危。但是，耶穌收到拉撒路病危的消息時，祂的反應很奇怪：「聽見拉撒路病了，就在所居之地仍住了兩天。然後對門徒說：『我們再往猶太去吧！』」[1] 祂不怎麼著急，對吧？而祂的摯友，生命危在旦夕。

另一個故事中，耶穌在猶太會堂中教導眾人。名叫睚魯（Jairus）的男人，俯伏在祂腳前、懇求祂醫治家中「瀕死」的幼女。[2] 又一個命在旦夕的故事。而在前往睚魯家的路上，一名罹患十二年慢性病的女子攔住了耶穌。在這個美好的故事中[3]，耶穌把所有能給的時間都給了她，一點也不匆忙。你可以想像睚魯的感受嗎？在我的想像中，睚魯捶胸頓足、心急如焚，用那種「拜託祢可不可以快一點！」的表情看著耶穌。

終於，耶穌來到睚魯家中，治好了他的女兒。我每次讀到這個故事，都會因為耶穌活在此時此刻的那種力道而震撼，祂不容許任何人事物，甚至緊急醫療需求或傷心的父親，催促祂進入下一個時刻。

而這個故事，既不是單一事件，也不是特殊案例，更不是某種啞謎。耶穌常常被人打斷。四福音書中，有一半的故事都提到了祂被人打斷，然而，祂從來不會因此而生氣厭煩。（祂的確曾經向宗教人士發怒，那得再寫一本書才能說

清楚，而且祂氣的並不是自己被打斷）

耶穌的行程排得很滿，有時候快要做不完；但是，是正面的那種滿。而祂**從不倉促**。

耶穌活在此時此刻的深刻安定，以及祂與上帝、他人、自己的連結，並不是出於悠閒性格或是因為 Wi-Fi 尚未出現在那個年代，而是特定生活方式的產物。在一連串的故事中，耶穌展現了人類生活的嶄新方式。畢竟，祂是那位等了三十年才第一次上台講道，又在承接彌賽亞任務的第二天，就進入曠野禱告了四十天的耶穌。沒有什麼事情能夠讓祂心急。

請給我幾分鐘，我們一起來思想耶穌的生活方式。

耶穌堅持在生活中，保有健康的留白。有人說，留白是「重擔和個人極限之間的空間」[4]。對我們大多數人來說，重擔和個人極限之間，不存在任何縫隙。我們的生活不是「八分滿」再加上一些呼吸空間，我們塞滿了每一分鐘。耶穌的每週行程是祂用行動，向著節奏匆忙的現代社會所發出的一種預言。

祂固定早起，去到一個安靜的地方與天父同在。有一次，門徒醒來，耶穌卻不見人影。祂在破曉前出門，只為了在寧靜中獨處並迎接新的一天。有時候，祂會離開一夜，甚至一兩個禮拜，只是為了遠離人群，在上帝面前整理好自己，再重新出發。而我們不只一次讀到耶穌在睡覺，門徒必須喚醒祂的故事。我喜歡這樣的耶穌，會想要跟隨祂。祂一

有機會，就會花時間跟朋友悠閒聚餐、享受葡萄美酒，藉此製造深談的機會，聊聊人生的起起落落。

祂實踐每週安息日。祂**每個禮拜**留出完整的一天，什麼也不做，只有休息和敬拜。祂實踐精簡生活，在天氣變涼之前，肩頭只披一件單衣。祂不會為了在會堂中衣著體面而逛街購物，也不會網購搜尋一雙新涼鞋而忽略原有的十五雙。不會的。祂活得「自由而輕省」[5]，完全不受制於過多財富帶來的不滿足和多餘物品帶來的不專注。

這樣的例子不勝枚舉，而我唯一的重點是：祂示範了如何在從容不迫的生活中，為上帝保留空間、為人們存留愛心，並將這些放在第一優先。祂因為優先接受了來自天父國度的邀請，而持續拒絕其餘無數的邀請。

接著，祂轉身對我們說：「跟從我。」

複習一下：跟從耶穌（或用我偏愛的說法，跟隨耶穌當學徒）是什麼意思？答案很簡單，就是用耶穌生活的方式，去過你的日子；將祂的生活和教導當作你生活方式的榜樣。如此一來，我們跟隨耶穌當學徒的核心重點就很明確了：如果耶穌是我，祂會怎麼過我的日子？

我的意思是，耶穌是活在一世紀的單身拉比，不是二十一世紀的家長、客戶經理、學生、牧師或職業摔角手。耶穌不是父親；我是。於是我想像，如果耶穌是裘德（Jude）、莫西（Moses）、桑蒂（Sunday）的父親，祂應該會花很多時間陪伴孩子。於是我照做，以此作為我跟隨

耶穌當學徒的實際行動，雖然耶穌從未生養小孩。

假設你是新婚妻子或新手媽媽。耶穌不是。但驅動妳跟隨耶穌的問題仍然是：祂會怎麼做？假設你的職業是大樓住宅開發商，那麼，耶穌會如何設計這個社區？

好，你已經抓到重點了。我猜，對我們當中許多人而言，耶穌會把我們的步調放得很慢、很慢。而我們真正在討論的，是一種生活規則。

因《與成功有約》成名的史蒂芬·柯維（Stephen Covey）說過，當生活日程與價值觀一致，我們的內心就會感到平安。聖經上沒有這句話，但我猜，如果耶穌聽到這句話，祂會點頭微笑。

過去幾年，排程的概念突然成為自我成長領域的熱門話題。基本上，就是在一份空白行事曆上，寫下你心目中理想的一天、一週，或一個月。從你認為最重要的事情開始寫：如果你是耶穌的學徒，當然會先寫下與屬靈紀律有關的事情，然後才是睡眠、運動、工作、玩樂、閱讀、留白等。然後在合理範圍內，堅持下去。

不過大多數人不知道的是，這個概念並非源自於近幾十年的自我成長市場，而是一千年前的修道院；全體僧侶和整個社區，共同選擇依循某種規則來規劃生活。

「規則」是時間表再加上一套實作，讓人可以藉此圍繞著耶穌的生活方式，有秩序的安排生活。這是一種避免因日

常生活而陷入急促、忙碌、雜訊干擾和分心的方法，也是一種放慢速度的方式。它讓人「活進」真正重要事情裡，包括家庭和重要的群體關係、上帝賦予我們的任務、心靈健康。這正是耶穌所說「活在祂裡面」[6]的意思。

千萬不要一聽到「規則」兩個字就心生反感。這對邁爾斯性格分類法中（即 MBTI）感知指標（perceiving）分數很高的人來說，這個想法聽起來尤其無聊且拘泥。「規則」一詞源自拉丁文 *regula*，字面意思是「一片平直、像一把尺的木板」，它可用於搭建格狀植物棚架。回想一下耶穌在約翰福音十五章，關於枝子連於葡萄樹、活在祂裡面的教導，這是祂在情緒健康和靈性生活方面最重要的教導之一。現在，回憶一下紅酒美好的滋味。想想看，是什麼托住了這些結實纍纍的葡萄藤？答案是：格子狀的植物棚架。這樣的架構支撐著葡萄藤的成長和結實。

你看見這個字所代表的畫面了嗎？

葡萄需要長在棚架上，人需要活在規則中。規則是一種架構，包括運用前面說過的時間表和一套實作，將「活在祂裡面」設定成你生活的追求主軸。以實踐「與上帝同在」為軸心，環繞這個軸心來安排生活中的一切：工作、休息、娛樂、飲食、跟朋友消磨時光、辦雜事、聽新聞。無論做什麼，全都發自心靈深處，那個有天父同在、充滿了愛與喜樂的地方。

葡萄樹沒有棚架活不下去，如同你的生活沒有耶穌幫

助你成長，你便將逐漸枯萎。跟隨耶穌這件事，必須列在你的時程表上，並加入你的日常實踐，否則永遠不會發生。若非如此，跟隨耶穌當學徒這件事只會一直停留在想法中，不會成真。然而，困難點在於我們當中大多數人都太忙，無法跟隨耶穌。

每當我教導與耶穌同在的生活規則和部分核心操練時，都會聽到相同的回應：「聽起來滿不錯的，可是我就是沒時間。」「我在讀研究所。」「我的工作很吃重。」「我幾個孩子都太小。」「我有馬拉松訓練。」「我不像你一樣內向。」

老實說，這些都是藉口。我懂，因為我們生活在同一個世界，這些都是很充分的理由。

以前我會微笑點頭，等待尷尬時刻過去。年齡越大，我越有勇氣回應這種抗拒。有時候我會很客氣的反問：「真的嗎？你花多少時間看電視？」（通常這會醞釀出另一類型的短暫尷尬）或是問：「你花多少時間上網、上社群媒體、購物？」接下來，我會建議大家做一份每週時間記錄表，只要他們聽話照做，通常都會因為自己花在瑣事上的時間而大吃一驚。

大多數人都有辦法調整出充裕的時間，即使在人生最為忙碌的階段。我們需要做的，只不過是重新分配一下時間，用來「先尋求祂的國」[7]，而不是尋求娛樂王國。只有在極為罕見的少數情況下，有些人確實沒有時間進行我在這本書

第三個部分的操練，那麼我就會溫和提醒他們：「你實在是忙到沒時間跟隨耶穌了。」不要製造罪惡感和羞愧感。再強調一次，這些都無濟於事，單純提出誠實的評估就好。

大家不容易接受的真相是：跟隨耶穌是一件需要你「去做」的事。實際去做，就是信心（faith）。耶穌刻意實踐的這些習慣，全都圍繞著關係而建立。祂稱呼上帝為天父。一切關係都需要花時間。

假設你的婚姻不如理想。當你的配偶來找你，向你要求多一點相處時間，單純希望享受共處並找回共識，例如：每週約會一個晚上、每天閒聊三十分鐘，還有週末花一點時間待在一起。基本上，這些都是健全婚姻的最低限度要求。

如果你的回答是：「很抱歉，我沒時間。」但是你每個禮拜花三十小時看電視、上網、沉浸在足球聯賽中，那麼任何稍有常識的人都會說：「對啊，你很忙。可是你都忙著浪費時間。」要不然，就是聽到配偶回你一句：「是喔……我看你只是忙得忘記你有老婆（老公）吧？如果你不徹底調整分配時間的方式，就準備去辦離婚吧。」但願你選擇的，是前段所描述，促進健全婚姻的做法。

我們跟耶穌的關係，跟這個又有什麼不同？我們投入什麼，就得到什麼。這並不是借用律法主義來製造愧疚感，這是一項**邀請**，邀請我們進入自己真心渴望的生活方式。而在這個世界上，要找到這樣的生活方式，唯有與耶穌並肩同行。

我猜，我們現在正來到一個十字路口，面對著是否接受邀請的抉擇。你是否準備好，為你的葡萄藤搭建一座棚架？用一個時程表和一兩個操練，去創造一個與耶穌同住的空間？為愛、喜樂、平安保留一個位置，活出你人生的原廠設定？

你是否準備好，開始安排或重新安排你的日子，讓耶穌的生命成為你生活中的全新日常？

再說一次？

屬靈紀律，

等一等，

中場休息

我在第三部分，列出了我個人認為對放慢步調、體驗有耶穌同在的健康生活最有幫助的四個核心操練。在進入第三部分之前，我要簡短總結一下，耶穌平日的做法（或常說的「屬靈紀律」）是什麼。

我們對耶穌的了解大部分來自於四福音書。福音書的本質是傳記，內容以故事為主，以這樣的角度視耶穌為教師有點奇怪，但是在馬太福音和約翰福音中，關於耶穌教導的篇幅最多，其次是路加福音，馬可福音幾乎沒有。無論如何，這四卷傳記中，最多的還是故事，這一點其實很合理。

就拿一般傳記來說好了。我們為什麼讀傳記？通常是因為傳記人物在某些方面很傑出。我們閱讀他們的人生故事，不只是想要了解他們，而是想要變得跟他們一樣（或為了避免變成那樣）。我們想要模仿他們的成功，避免他們有過的失敗。我們希望透過閱讀他們的故事更認識自己，並了解自己的故事。

同意嗎？很好。這其實很好理解。

傳記中充滿了故事，而對於賈伯斯、前總統歐巴馬或任何你想仿效（或避免）的對象，你不只會看他**說過或做過**什麼，你還會留意他的每日生活細節。聰明的你會複製這些細節，將他的習慣變成你的，將他的日常慣例和價值觀也都變成你的，並指望在自己相對平凡的人生中，培養出跟他類似的成果。

所以，他就讀的是某某法學院，你就跟著去報考。他

每天看書一小時，你如法炮製。他不吃早餐？你果斷扔掉你的香蕉。他出了名的會用午睡充電？你為辦公室添購一張沙發。你複製一切細節，因為你知道，這些多如牛毛、看似毫不起眼而缺乏意義的無數細節一旦有效累積，你最後就會變成自己想要的樣子。如同複利效果，最終創造出另一種生活。

明白了？很好。

奇怪的是，跟隨耶穌的人當中，只有極少數採用這種方式去閱讀四福音書。我們習慣將四福音書當作搭配證道的討喜案例、加油打氣的寓言故事，或用來鑽研神學的珍貴段落。這些都不是壞事，但我們經常因此見樹不見林。這些可都是傳記，我認為，耶穌生平故事的細節呈現了天國生活的樣貌，而這些教導所佔的分量並不亞於祂的講道、神蹟和祂的死與復活。

我是認真的。

現在的人將耶穌的生活節奏（或祂生活方式的細節）稱為「屬靈紀律」。這個說法在新約聖經中找不到，而且這個用詞本身利弊參半。很遺憾的是，大多數人認為「屬靈」的意思等同於「非物質」，但屬靈紀律指的其實是你在思想和身體方面的一切習性。我猜，「身心紀律」的說法應該還沒有被人註冊或什麼的吧？至於「紀律」，我其實還滿喜歡這個用詞。不過在這個享樂主義的時代，很多人會覺得它帶有負面意涵，導致屬靈紀律在西方教會中，越來越不受重視。[1]

我更樂意將它稱為「耶穌的做法」。耶穌在登山寶訓開頭和結尾的部分說到，這種生活方式是你必須「身體力行」的。[2]如果你覺得這聽起來宗教意味還是太重，不妨就稱為耶穌的生活習慣好了。這是我們熟悉的語言，既貼切又立場中性。

無論用什麼名詞，這些習慣、實際做法或屬靈紀律，所要告訴我們的都是如何跟隨耶穌、如何承襲祂的生活方式，以及如何為情緒健康和靈性生活創造空間。再次強調，這些都是葡萄藤的棚架。

如同一切習慣，這些都是達成目標的方法，但也是充滿善意的宗教人士（我也是其中一員）最容易搞錯的地方。屬靈紀律（讀聖經、禱告、安息日等）一旦變成目標（本末倒置）就會陷入律法主義，其中只有死亡，沒有生命。我們的目標是活出充實飽滿、有耶穌同在的人生，或者說，在醒著的每一刻，有意識的享受耶穌的同在，並一生與最富有愛、喜樂、平安的人相處。

回到棚架的比喻：棚架的目的，不是為了讓葡萄藤蔓生長筆直、排列整齊，而是為了收成一杯杯醇厚的紅酒。棚架為葡萄藤的成長和結實，創造了空間。不同於其他類型的習慣，耶穌的做法遠不只是為了鍛鍊身心、增強意志力、養成品格，而是如何使我們的身心，向著遠比我們本身更大的力量敞開並帶來改變。

想想看，紀律是什麼？我說的不是屬靈紀律，只是一

般的紀律。這裡有一個很標準的定義：「紀律，是藉由我能力所及的任何活動，最終使我達成目前單憑努力還做不到的事。」

以運動員為例（新約聖經中最常以此為例）[3]。假設你想做啞鈴的仰臥推舉但是做不到（這情境我太有感！），你沒力氣、沒肌肉，所以推不動，但你身體健康，並不是你做不到，只是你還沒做到；你需要的只是變得更有力量。為了達成這個目標，你需要鍛鍊，所以這項紀律可能是：每天早晨練習伏地挺身。這是你現在辦得到的。你從五下開始，進步到十下，又努力增加到五十下。透過有紀律的訓練，你最終脫胎換骨變了一個人，能夠完成原先無能為力的事情。

紀律，是獲得力量的途徑。

屬靈紀律與此類似，但有所不同。相同之處在於：「藉由我能力所及的任何活動，最終使我達成目前單憑努力還做不到的事。」這是獲得力量的途徑。不同之處在於：你不僅運用個人能力去做正確的事（這叫做意志力），還必須同時向著一股遠遠大於你的力量，也就是聖靈的力量而敞開。就這樣，你為我是誰（being）的最深層，創造了得以接近上帝的時間和空間。

而以下是魏樂德對屬靈紀律的定義：「紀律是有目的的身心活動，用來引導我們的行為和全人進入屬乎上帝秩序有效協力運作的狀態。嚴格來說，這會使我們越來越活在那股超越我們、由靈性領域所發出的力量當中。」[4]

意志力沒什麼不好，事實上，意志力的恢復是轉變的核心。意志力一旦運轉，就會發揮作用。但終究無法帶你走得長遠，尤其在你與耶穌同行的初期階段，而這就是問題所在。但透過實際操練——這些以耶穌生活方式為根基，看似平凡簡單卻能注入生命的實際做法，我們得以接近一股遠遠大於自己的生命力量。

矛盾的是，這些操練幾乎都不是耶穌命令我們去做的，只有禱告是一項例外，祂多次命令大家禱告。（你或許反駁，禱告怎麼會是一種操練，然而，如果你對禱告的定義是「覺察到上帝，並與上帝連結」，那麼禱告正是這一切操練的最終目標）

但是，耶穌從來沒有命令你早起靈修、讀聖經、參與社區活動、遵守安息日、捐助窮人，或針對祂的生活方式做任何重點操練。祂只是自己養成了這些習慣，然後說：「來跟從我。」

我們前面說過，許多學者認為，將耶穌的原文翻譯成「來做我的學徒」會更貼切。這裡我提供另一個選項：「複製我的生活細節，將我的日常生活當作你的生活模板。」

耶穌並不反對命令，絕對不是。但對祂來說，領導不在於強迫和控制，而是以身作則和邀請。

祂沒有命令我們遵循祂的做法，也沒有針對如何實踐這些做法而進行演講，或在週六上午針對養成個人生活紀律舉辦工作坊。祂只是示範了祂「過日子」的全新方式，然後

轉身對我們說：「如果你厭倦了你一直以來的方式，渴望讓靈魂休息，那就跟上來吧。背起這個輕省的軛，複製我的生活細節。」

　　好了，這些就是所謂的操練。跟上腳步了嗎？既然準備好了，那麼接下來，我們要更深入了解，什麼是輕省的軛。

第三部分

放慢生活步調的四個操練

Part three:
Four practices for
unhurrying your life

靜默和獨處

我在這個不太年輕的年紀，恰巧知道一九九〇年代後期有一種東西叫做「無聊」。有人跟我一樣嗎？

各位數位時代的原住民，你們壓根不知道我在說什麼吧？「無聊？是不是 Wi-Fi 連線不佳，IG 貼文跑速超過兩秒鐘的那種感覺？」嗯，有點像。差別是，必須將這種感覺放大很多、很多倍。

假設你出生在一九九五年之後，你可能不會真正記得，什麼時候身邊沒有這些無線的「無限」設備，但是我擁有這類的記憶。以前搭乘國內航班橫越東西岸的時候，萬一你在飛到明尼蘇達州的上空，就不小心把手上的書讀完了，那就只好盯著窗戶發呆，什麼事也沒得做。

或是，你來到喜歡的咖啡店，前面還有五個人等候結帳，你只能乖乖排隊。隊伍中，性格外向的人會開始找人搭訕，而我們這些內向的傢伙會表面微笑點頭，心中暗自嘀咕，上帝啊，這個八竿子打不著的人，為什麼要找我說話啊？

有沒有人還記得，你在等公車、路上塞車、等電影開場、坐在艱澀無趣課程的教室後排座位上，無所事事而大腦空無一物，只能漫天胡思亂想的那些日子？

雖然，像這樣這麼無聊的事很容易引發懷舊情懷，但說實話，沒有人會想要回到數位化之前的年代。我們比以前更有效率，我在更短時間內做完更多事，這是十年前的我連做夢也想不到的事情。

不過，這有好有壞。透過最新款賽伯格式（cyborgesque）的自己（譯註：高度依賴科技或科技設備不離身，彷彿自己身體的一部分，人機之間的界線日趨模糊，成為概念上的半機械人），我們現在的接觸範圍可謂無遠弗屆。這有莫大好處，但我們同時失去了某種極為重要的東西。所有零碎而無聊的片刻，都是進入禱告的良機，更可以在一天中喚醒我們：上帝時刻環繞我們的事實、對自己心靈的覺察、將注意力拉回到上帝身上（就會自然而然開始禱告）、擺脫對匆忙的上癮，並回到富有覺察的原始狀態。

現在，所有短暫片刻都不見了，全都吞沒在數位肉食猛獸的血盆大口中。我們只要感到一丁點無聊，就會向我們的「附屬器官」——智慧手機伸手求援：查閱新聞提要、回覆電子郵件（回覆全部，點擊發送）、在發文之前先閱讀一則關於談論唐納・川普到底在說什麼的推特貼文，或是看看週四天氣、搜尋一雙新鞋，當然，還要順便來幾局 Candy Crush。微軟一項調查發現，詢問十八到二十五歲年輕人「當沒有任何東西佔據我的注意力時，我會立刻伸手去拿手

機」的問題，其中回答「是」的人高達 77%。[1]

我說的可不是我，是你。

我們可以跟自己思想獨處的地方，大概只剩下浴室了。而我們的電子設備遲早可以防水，到那時候，這會帶來更大的災難。容我小小抱怨一下，這一切對我們跟隨耶穌當學徒，以及體驗（或無法體驗）祂所提供的生活方式，有著十分深遠的影響。怎麼說呢？很簡單：匆忙和令人分心的數位化生活是一種新常態，它正剝奪著我們活在此時此刻的能力。這包括了與上帝同在的、與人相處的時刻，以及遇見世上一切正面、美好、真實事物，甚至我們靈魂的每一個此時此刻。

引用安德魯・沙利文的專欄文章《噪音時代的沉默宣言》所說：「有書本待閱讀，有風景待欣賞，有朋友待相處，生活也有待充實……這種注意力分散的新型流行病是人類文明的特有弱點。而它所威脅的主要對象並不是我們的思想，雖然思想形式因壓力而轉變，它所威脅的是我們的靈魂。如果噪音不消退，我們甚至有可能忘記噪音的存在。」[2]

現代世界的噪音，使我們聽不見上帝的聲音，淹沒了我們最需要的一種「輸入」。我的意思是，如果我們的專注力連金魚都不如，怎麼有可能擁有任何一種靈性生活？假設你一有機會，就非得伸手按幾下多巴胺配藥器，也就是你的手機，試問你要如何禱告、讀聖經話語、聽講道、享受安息日呢？

引用天主教神父兼社會評論家羅納德‧羅海瑟的一句話：「我們分散自己的注意力，到了遺忘心靈的地步。」[3]

抱怨完畢。

現在，有一個疑問：在耶穌的生活方式中，有沒有哪種做法，有助於解決這個問題？意思是，有沒有一套經過時間考驗、可用來打造自己生活方式的規則（屬靈紀律，如果你比較喜歡這個說法），讓我們雖然身處現代社會的混亂中，心靈仍然能夠成長茁壯？

答案是：有。絕對有，而且其實還滿多的。如何讓你的生活不匆忙？我們會討論我推薦的前四名做法。現在，先從我認為最重要的開始說：靜默和獨處。

耶穌和安靜的地方

那我就從頭開始說了。馬太福音第三章結尾處，有一個耶穌受洗的精彩故事。當祂從水裡出來，天上傳來聲音說：「這是我的愛子，我所喜悅的。」[4] 這其中不僅情緒高昂，靈性激昂程度也臻於極致。上帝藉由這次事件，派遣耶穌進入世界。

接著，我們讀到：「當時，耶穌被聖靈引到曠野，受魔鬼的試探。祂禁食四十晝夜，後來就餓了。那試探人的進前來。」[5] 請注意，耶穌受洗後的第一件事，是直接進入曠野。

這裡說的曠野，指的未必是烈日黃沙下的沙漠。*eremos* 這個希臘字的含義廣泛，可以翻譯成：

- 沙漠
- 荒蕪不毛之地
- 廢棄淒涼之處
- 獨處之處
- 寂寞之地
- 安靜的地方（我個人最喜歡的）
- 荒漠無人處

四福音書中有許多故事描述了耶穌與 *eremos* 之間的關聯，而這是所有故事中的第一個。我希望你讀讀這個故事，因為這是祂事工和使命的起點。而且，這個故事很奇特，對吧？你是否曾經在讀到「耶穌被聖靈引到曠野，受魔鬼的試探」時，心想，這怎麼回事？

我的意思是，如果你從創世記一直讀到馬太福音，你就會明白耶穌一定會跟魔鬼直接面對面。主角必須面對大壞蛋並終結所有壞蛋。邪惡必須被打倒。這樣說，你就懂了。

但為什麼要在曠野？為什麼單獨一人？為什麼要在禁食四十天之後？還有肚子餓的時候？我有好多年都一直看不懂這個故事，因為我以為荒野指的是疲乏軟弱之地。我以往的理解是：這不就是魔鬼本來會做的事？在漫長一天或一週結束後找上我們？尤其是飢腸轆轆和身心狀態最糟糕的時

候？

但後來我發現，我想錯了。曠野不是疲乏軟弱之地；而是充滿力量和能力的地方。「耶穌被聖靈引導到曠野」，因為在那裡，而且只有在那裡，耶穌的屬靈能力才會達到巔峰。只有在安靜的地方禁食禱告連續一個半月，祂才有能力獨自對付魔鬼並毫髮無傷。所以你會發現，耶穌一次又一次地回到曠野。

以馬可福音第一章為例。馬可福音第一章很長，基本上說的是耶穌第一天任職彌賽亞的故事。那一天，如同馬拉松競賽日。祂清早起床去會堂講道，在午餐時間醫治了彼得的岳母，又為醫治病人和被鬼附的人忙到深夜，他一定累壞了。然而，我們接著讀到：「次日早晨，天未亮的時候，耶穌起來，到曠野地方去，在那裡禱告。」[6]

你或許以為耶穌會稍微賴床一下才起床，接著出去晨跑，再跟門徒共進早餐。沒有什麼比禮拜天大吃一頓小農料理更能讓人恢復疲勞的了。但事實恰恰相反，耶穌很早起床，離開住處，去了安靜的地方。

說明一下，這天之前，耶穌在安靜的地方待了一個半月，然後回到迦百農。他在迦百農結束了行程滿檔的一天後，又直接回到曠野去禱告。換句話說，安靜的地方並不是去一次就一勞永逸的，這是祂生活節奏中持續進行的一部分。但故事還沒結束：「西門和同伴們四處找耶穌。找到了，便對祂說：『大家都在找祢呢！』」[7]

我對這段故事的描述是這樣的：耶穌，祢跑哪裡去了？祢昨天可真了不起，消息都傳開了。Vogue 雜誌來電要求採訪、TMZ 八卦雜誌在彼得家門外探頭探腦。# 耶穌正在流行。我們需要祢回來。趕快！[8]

耶穌是怎麼回答的？「我們可以往別處去，到鄰近的鄉村，我也好在那裡傳道，因為我是為這事出來的。」[9] 請注意，耶穌帶著祂對自己身分和呼召的清晰認識從曠野出來，生命因此有了定錨的根基和中心。祂跟上帝、跟自己產生連結。祂從平衡情緒和支援靈性的地方獲得智慧，知道該對什麼說是，而同等重要的是，祂知道該對什麼說不。因此，隨著四福音故事的進展，你很快就發現，安靜的地方是耶穌的優先選擇。

馬可福音第六章中有一段提到，耶穌的門徒在忙完一、兩個禮拜的國度工作之後累得半死：「來往的人多，他們連吃飯也沒有工夫。」[10] 你也感同身受嗎？有小孩的人現在是不是心想，我天天都在經歷！耶穌對這些過度忙碌、過度勞累的門徒說：「你們來，同我暗暗的到曠野地方去歇一歇。」[11] 翻譯成白話：你真正需要的不是來罐啤酒或去看晚場電影，你真正需要的是單獨與我同在，我們必須為此遠離人群和塵囂。於是，「他們就坐船，暗暗的往曠野地方去。」[12]

這聽起來很不錯，在加利利海邊泡著溫泉、跟耶穌獨處。有人想要來杯有機茶嗎？很遺憾，故事不是這樣進行的。 相反的，接下來故事是這樣進行：「可是有許多人看

見他們離開，認出了他們，便從各城鎮步行趕往那裡，比他們先到達。耶穌一下船，看見這一大群人好像沒有牧人的羊，心裡憐憫他們，於是教導了他們許多道理。」這時候，天已經很晚了。[13]

我喜歡這個故事的真實性。當你最需要花時間跟耶穌獨處時，事情突然冒出來，人也突然冒出來。你撥出時間準備過安息日、禱告，或打算休息一晚什麼都不做，結果：收到主管簡訊，要求你處理一件緊急而不重要的公務；你的兩歲小孩吞下樂高裡面的玩偶武士，於是你 Google 搜尋「距離最近的急診室」；你的室友今天過得很慘突然跑來找你聊天，哭了兩小時還打算繼續哭；幾千人湧到你家門口，請你醫治他們並向他們介紹上帝國度，因為你是人們期待已久的彌賽亞。你懂的，打斷你的全是日常生活小事。

聽起來很熟悉？你有沒有過這種試圖休息，卻偏偏擠不出時間的經驗？耶穌遇到的就是這種情況。

不過，故事還沒結束。我們先跳過小男孩的背包和五千份午餐的故事，然後接著讀：「耶穌隨即催門徒上船，先渡到那邊伯賽大去，等他叫眾人散開。他既辭別了他們，就往山上去禱告。到了晚上，船在海中，耶穌獨自在岸上。」[14]

以前我讀到這個故事的結尾，總會心想，哇，耶穌真屬靈——祂徹夜禱告！祂當然屬靈，這無庸置疑。但請注意，祂為什麼要徹夜禱告？因為這是祂唯一能夠找到的安靜獨處

時間！祂忙到沒有喘息的空隙，一整天都沒有時間獨處。所以，祂唯一能想到的辦法，就是打發門徒先渡河，然後獨自上山徹夜禱告（雖然這裡沒有使用 eremos 這個字，但半夜上山，就是為了這個目的），因為祂知道與天父獨處比睡眠重要。

而我們還沒開始讀路加福音呢。

路加福音中，耶穌至少有九次去了安靜的地方。我再講一個故事就好，我保證。這個故事在路加福音第五章：「結果耶穌的名聲傳得更廣了，成群的人聚集到祂那裡聽祂講道、求祂醫病。」人群撞壞耶穌大門的事情如同家常便飯。不過，看看下一句：「不過，祂還是常常退到曠野去禱告。」[15]「曠野」的希臘文是什麼？

答對了！你現在一定知道答案了。我很喜歡這裡的描述。耶穌「常常退回」，祂經常走開，祂有意識的固定溜出去禱告。這個習慣，在耶穌生平故事中經常出現，特別是在路加福音中，你會發現耶穌的生活原則：在祂越忙碌、求助的人越多、名氣越大的時候，祂就越會退回安靜的地方禱告。

我們卻正好相反。面對過度忙碌、生活一團糟、時間被人爭相瓜分的時候，我們不會立刻選擇安靜的地方，反倒會優先捨棄它。我們最先放棄的就是跟上帝從容相處的時間，也因此失去與祂一同安靜坐下、禱告、讀詩篇、盤點內在狀態並容許靈魂追趕上我們身體的機會。

在人生的幾個忙碌階段中，我們待在安靜地方的時間需要增加，而不是減少（絕對不可以）。如果你有一長串藉口——我是全職媽媽、我的工作吃重又要早起、我性格外向、我有過動症，停！想一想：就連耶穌都需要時間待在安靜的地方，何況是我們。

重複一次：耶穌需要時間，而且是相當多獨處時間。你認為你不需要嗎？

靜默和獨處

這些年來，耶穌這個操練被稱為「靜默和獨處」。這聽起來很簡單，其實不然。現在，我們要分開討論，先看看靜默是什麼。靜默包括兩方面——外在和內在。

外在靜默，不言自明，就是零雜音、沒有耳機音樂、沒有電視，當作背景聲音也不行，也沒有室友在另一頭的房間玩《堡壘之夜》、沒有幼兒尖叫，不會一邊跟媽媽通電話，一邊清理洗碗機。通常是你很早起床、身處大自然或在房間裡的時候，而且很安靜，安靜到你聽見自己耳中的嗡嗡聲。安靜本身就是一種屬靈紀律。非洲神學家聖奧古斯丁（Saint Augustine）早在一千五百年前就說過：「進入靜默，就是『進入喜悅』。」[16]

正在書寫這一章的我，現在位於澳洲的墨爾本。過去幾天排滿了講道，一切進行順利。非常有趣，也十分「熱鬧」——持續的噪音、人群、活動、感官刺激。今天早晨醒

來，我自然十分疲倦。幸好有時差，所以醒得早，還可以在去教會之前，擁有充裕時間出去跑步。我沿著費茲洛公園裡的亞拉河岸向前跑，這讓我想起另一座花園：伊甸園。當時公園裡沒有人，只有我、河流、頭頂上隨著清風搖曳的尤加利樹還有上帝。我跑了二十分鐘左右才感到靈魂復甦。上帝的同在，並不是大腦中的想法，而是一種感受經驗——在我的周圍、在我的內心。

我甚至沒有禱告，真的，也沒有讀聖經或刻意做任何跟靈性有關的事。一切只因為安靜。安靜是恢復情緒的良藥，不僅如此，更是通往靈性生活的大門。正如第六世紀敘利亞僧侶約翰·克立馬科斯（John Climacus），他幾乎一生都在西奈山上禱告，他說：「與靜默為友的人，走近上帝。」[17]

從來沒有人會用相同方式描述噪音。事實上，魯益師的諷刺傑作《小心魔鬼很聰明》（The Screwtape Letters）中的魔鬼，曾經強烈譴責靜默對於魔鬼事業（即專門破壞基督徒靈魂）是一種威嚇。書中的資深魔鬼將魔域稱為「噪音王國」，並宣稱「我們最後一定會把整個宇宙都變成噪音」。[18]

有沒有可能，這就是我們容許太多噪音肆虐生活的原因？或是另有原因？為什麼我們一上車，就有打開收音機的奇怪衝動？或是不能沒有背景音樂？一煮飯就想看電視？一健身就想聽 Podcast？怪罪魔鬼很省事，但有沒有可能，我們是在利用外在噪音來掩埋內在噪音？

我說的內在噪音是：喋喋不休的密集內心獨白、大腦對每一件事情的評論、糟糕對話的循環播放、對異性鄰居的色念，以及我們的幻想——不只是性幻想，還有報復他人的幻想——想像自己對假想敵說什麼、做什麼，還有我們的擔憂——以「如果……該怎麼辦？」的意念，逐步侵蝕喜樂和平安。最後，一直想著假設情境，在其中預演未來並將事情災難化或理想化；或夢想完美人生，卻因此毒害了真實人生。

　　我們思想阻塞，猶如囤積症患者將房間塞滿雜物，築成監獄、自我困鎖，有些人感覺被困在有害而不健康的思想模式中。停止外在噪音並不困難，關掉手機、關掉音響、在沙發上躺一躺、去公園散步、預訂附近小木屋，甚至去修道院住上一晚。但是內在噪音呢？這是類型完全不同、亟需馴服、身上沒有安裝開關裝置的野獸。我所說的靜默，是內、外在噪音都關掉的那種靜默，那才是靜默。

　　接下來，談談獨處。同樣的，獨處很容易理解，就是你與上帝、與自己的靈魂同在的時刻。澄清一下，我所說的獨處不是孤立，這兩種概念有天壤之別。獨處是參與的，孤立是逃避的；獨處是安全的，孤立是危險的。獨處是你如何向上帝敞開，孤立是在自己的背上畫上吸引魔鬼的靶標。獨處是你挪出時間餵養、澆灌和滋養靈魂，並使之健康而成熟。然而當你忽略獨處，就會一心渴望孤立。

　　獨處，聽起來很沉悶，但絕對不是寂寞。傅士德（Richard Foster）在大作《靈命操練禮讚》（Celebration of

Discipline）中說：「寂寞是內在空虛，獨處是內心充實。」[19] 獨處時，我們完全不會孤單。事實上，獨處是許多人感到與上帝連結最深的時刻。

我們前面說過，這個時代最嚴重的靈性問題之一，就是太少有人能夠坦然承認自己與上帝分離。我們過完一天，竟然幾乎感受不到上帝的同在。「愛、喜樂、平安」不再是許多基督徒的感受經驗。我們往往抱著跟上帝碰個面的心態去教會——希望在回到世俗荒原之前，與上帝建立短暫的連結。

化解心靈不適的辦法，有可能跟實踐靜默和獨處一樣「容易」嗎？

假設我們推論正確，那麼真正的問題，其實是我們缺席，而不是上帝缺席；是我們注意力分散，而不是上帝中斷與我們的連結。[20] 解決這個問題很簡單：創造一個專注於上帝並與祂連結的環境。而就我所知，沒有比曠野更好的地方。

為何這是生死攸關的大事？

教會歷史中，傳授耶穌之道的傑出教師大部分同意：靜默和獨處是最重要的兩項屬靈紀律。

盧雲（Henri Nouwen）單刀直入的說法，頗具說服力：「缺乏獨處，不可能真正擁有靈性生活。如果我們不保留時間與上帝同在、聽祂說話，就不算是認真看待屬靈生

活。」[21]

　　請留意細微差異，其中沒有模糊地帶。靈性原則沒有例外，任何自嘲也不能減緩這句話的重擊。盧雲坦承告訴我們：如果你不保留時間與上帝獨處，你和祂的關係，就會枯萎在葡萄樹上。

　　再強調一次，這是有道理的。你跟上帝的關係與任何一種關係並無二致，都需要花時間獨處。假設譚咪跟我從不單獨相處，我們的婚姻狀況會如何？一直沒時間私下交談並分享彼此最深層黑暗的祕密、夢想、恐懼；沒有性生活；沒有肩並肩的二人世界？顯然，就算我們的婚姻並未結束，也會相處得很痛苦。你跟上帝，甚至跟你自身靈魂的關係也是這樣。

　　親職教養文章中有一句名言：「對孩子來說，時間就等於愛。」這頗有幾分道理，而且這不僅限於親子關係。如果你愛天父上帝，希望在活潑而健壯的靈性關係中，時時刻刻體驗祂的同在，那麼你需要劃分出時間與祂獨處，如此而已。雖然花時間相處非常缺乏效率，而且不一定順利。你們可能花一整天相處，只記得某次的簡短對話，也可能因為一句話而改變一切。

　　盧雲曾經請求德蕾莎修女提供靈性指導。他當時正在處理自己的幾個靈性問題，於是向她尋求智慧。想像二十世紀最了不起的耶穌追隨者之一，徵詢另一位屬靈偉人該如何追隨耶穌。哇，這也太低調了吧。

可你知道她說什麼嗎？她說：「只要每天花一小時來愛你的主，遇到明知道不對的事，絕對不去做，你就會過得很好！」[22] 的確，就這麼簡單。兩個直截了當的做法：每天一小時享受上帝同在；然後，只要是你知道不對的事，就絕對不做。所以在你將我——或許連同心理壓力肯定沒你嚴重的德雷莎修女、盧雲，甚至耶穌全都拋到九霄雲外並逕自返回充滿噪音的生活之前，請先想一想，你這樣做會付出什麼代價。

當我們不實踐耶穌的靈性習慣，就會「收穫」這些後果：

- 感到與上帝疏離。最終仰賴他人的靈性產出作為支撐，例如聽 Podcast、看書，或在急著出門上班之前，狼吞虎嚥一頁《每日靈糧》。

- 感到與自己疏離。我們逐漸忘記初衷和呼召，任憑緊急而不重要的事情強行霸佔我們。

- 感到一股近乎持續存在的焦慮暗流。覺得自己總是落後、總在追趕，而且永無止盡。

- 感到精疲力竭。一覺醒來的第一個念頭是：又要起床了？我已經等不及再睡一覺。我們整天低迷不振，借助各樣東西提神，拖著疲倦的身體過完一天。即使補眠，仍然疲憊不堪。

- 轉而尋求自行選擇的迴避方式。我們沒有多餘精力進行能夠真正使靈魂重新得力的事情，例如禱告，反而

借助便利的解決辦法——一杯紅酒、一部串流媒體新片、社群媒體動態、色情網站。

- 變得非常容易陷入試探。這進一步加深了靈魂與上帝之間的疏離感。

- 情緒開始不健康。我們的生活偏離軸心，變得膚淺。我們不經思考就做出反應，就連老闆隨口一句話、配偶或室友的建議或諸如此類的雞毛蒜皮小事也刺激得了我們。我們發脾氣、對孩子訓斥、自我防衛、生悶氣、憤怒而哀傷。

這些都是生活中缺乏靜默及獨處的跡象和症狀。如果採用完全相反的方式作為替代，那麼：

- 我們會找到屬於自己安靜的地方。附近的公園、家中閱讀的角落，或是趁孩子還沒醒來前的晨間慣例——利用那些地方「退回」到曠野。[23]

- 我們會慢慢來。我們或許沒有完整的一小時，但這段時間必須夠長，長到足以使我們從噪音、塞車、焦慮和現代社會的持續刺激所帶來的壓力中緩和過來。有時候，只需要幾分鐘；有時候，一小時還覺得不夠；有時候，能夠儘可能把握住一些時間，就覺得很感恩了。

- 我們放慢速度。感受呼吸、回到此時此刻。

- 我們開始感受。最先是感受到人類情緒光譜上的所有感受——不是只有喜樂、感恩、歡慶、閒適，還有哀

傷、疑惑、憤怒、焦慮。就我個人的情況來說,我通常最先感受到的是所有的負面情緒。

· 我們面對自身內心的良善、邪惡和醜陋;面對自己的擔心、憂鬱、盼望;對上帝的渴慕或缺乏渴慕;感受和感受不到上帝的同在;幻想和現實;我們所相信的一切謊言和一切所回歸的真相;我們的動機;上癮;我們為了撐過一個禮拜所使用的各種因應機制。這一切全都會展露無遺,令人異常痛苦。但與其對著我們最親愛的人宣洩,不如在充滿天父的愛和話語的安全範圍內顯露出來。

· 在我們的耳中,祂的聲音穿透並逐漸覆蓋一切雜音,直到全然寂靜。寂靜中,我們聽見上帝表達祂對我們的愛,說出我們的身分和人生呼召,使我們明白祂如何看待人生、如何看待我們卑微卻美好的地位。

於是我們進入自由。我們漸漸不再被成功和失敗所支配,擺脫了他人觀點的轄制——認同和否定都不再影響我們。我們能夠自由做自己,那個好壞參半的自己。如同小孩與天父同在、被愛擁抱。儘管還沒看見結果仍然能感到泰然自在。在靜默和獨處中,我們的靈魂終於回家。這就是耶穌所說的 abide(住在祂裡面或持守)[24],這個動詞對應的名詞是 abode 或 home(住所或家)。家,是安歇的地方。當我們回到靈魂安然休息的地方,也就是回到湯瑪斯·祈里(Thomas Kelly)所說的:「充滿平安和力量、從容不迫的軸心」。[25]

我認為面對靜默和獨處，我們有兩種選項。

選項A：忽略這個做法，找藉口陷入人生競逐的無限迴圈中。其中情況最好的人，頂多情緒不健康；情況最糟的人，遺忘自己的靈魂。

選項B：恢復這個雖然古老卻適合現代的做法，並體驗耶穌的生活方式。

全世界都在談論關於正念（mindfulness）的話題，你在書店展示櫃的一公尺範圍內或在追蹤TED影片時，常接觸相關的流行詞彙。正念就是世俗社會的靜默和獨處，基本上跟我所說的一樣，只不過少了最好的部分——耶穌。

我們經常聽人說，正念最初源自於佛法，後來經由心理治療專業改良。然而，更為可靠的例證告訴我們，這其實更貼近耶穌的做法。耶穌比悉達多更常在山上講道。德蕾莎修女比一行禪師花更多時間靜默。然而，由於現在的後基督文化是對基督思想進行反動之後的結果，這導致了佛教流行並取代耶穌（佛法當然管用，因為在本質上，是少了上帝的宗教）。好吧，難怪，雖然事實上是同樣的做法，耶穌的跟隨者早已實踐了幾千年，只不過我們後來稱之為禱告、默想或沉思。我們擁有兩千年的傳統和智慧，以及最值得採用的做法。

再次引用安德魯・沙利文的著作：「現代的一切，逐漸弱化了靈性。或許出於刻意設計，或許只是巧合，但都是為了商業利益。對安靜輕描淡寫，只偏重喧鬧和持續行動。

我們的文化逐漸失去信仰的原因，並非科學以某種方式反駁了無法證明的上帝，而是世俗主義環境中持續的雜訊已經消除了真正的寂靜，而那是信仰唯一有機會持續存在或重生的地方。如果教會開始理解到，目前信仰的最大威脅不是享樂主義，而是注意力不集中，那麼就很有機會將疲憊的數位世代吸引回來。」[26]

「疲憊的數位世代」的同胞們，讓我們來看看選項 B。當然，說比做容易。大多數人發現這種做法比登天還難，而且不只有外向的人覺得難。許多人會說，這是所有做法中最困難、最激進的（提示你：我前面說過，關於你一直逃避的所有情緒，這時候全都偷偷冒出來）。

但是每天多花一點點時間，跟自己、跟上帝安靜獨處其實不難。更理想的是，你分配多一點時間給安息日（下一章會討論，請繼續讀下去）或定期避靜。這更像是休息而不是工作，是不做而不是去做，是減法而不是加法。這很「輕省、容易」（跟所有的做法一樣），而且會讓以後的生活更加輕省。

我成長的教會有一個傳統，就是以安靜時光展開每一天。在一天的開始，我們會挪出一大段時間去做耶穌做的那些事，通常配上一杯咖啡。我們讀聖經；邀請上帝在我們生活中做些什麼；承認自己搞砸了；承認自己的需要；承認傷痛。有時候只是坐在那裡。單獨一人，安安靜靜，有上帝，還有自己的靈魂。

為什麼現在大家都不再談論這些了？或者說，為什麼只要有人談起這些，就會有人嘲笑，或認為這是基要主義（指某些宗教群體試圖回歸其原初的信仰的運動）殘存的老舊成規而不當一回事？

我有一個秘密，可別論斷我，我到現在都還在實踐安靜時光，而且每一天都這麼做。就算錯過全世界，我也不會錯過這段時間，而且毫無疑問，這通常是我一天中最美好的時光。而我甚至不是早起的人，我認為還是有必要恢復安靜時光，讓它像一九九九年的時候那般流行。

獻給明天早晨：清晨六點。咖啡。靠窗的座位。窗外有樹。現在呼吸。讀讀詩篇和福音故事。聽聽天父的聲音。向祂傾心吐意。或只是坐著休息。或許我會從上帝那裡聽見改變我生命的一句話。或許我只是消化某個困擾帶來的憤怒。或許我會去體會心靜如水的感受。又或許我的思緒跳躍不停，但那也沒有關係。我還是會回來，明天同一時間。從安靜的地方出發，展開我的一天。

那麼你呢？

安息日

我早晨之所以起床，是因為我有想要的東西，而且，還不少。我想要喝咖啡、看日出。我想要在三頭混沌製造獸（裘德、莫西、桑蒂）傾巢而出、要求餵食之前，花時間跟上帝同在。我想要趕上這本書的交稿日。我想要維持生計，讓家人有飯可吃……

重點是，我帶著各種渴望醒來，而這些渴望促使我在寒冷漆黑的冬日裡奮力起床。渴望是強烈的誘因，是人生的引擎，推動我們跳下床鋪、走進現實生活。但是，萬一渴望脫離了掌握，反過來驅使我們的人生，那可就麻煩了。因為當你仔細觀察渴望的心理動力，你會發現渴望永遠無法被滿足。

回溯到西元前一千年，〈傳道書〉的作者就曾經說過：「眼睛不滿足於所見。」[1] 後來有位詩人說得更直接：「我完全得不到滿足。」[2] 同樣的概念，十三世紀傑出思想家聖多瑪斯‧阿奎納（Thomas Aquinas）曾經問過：「有什麼東西可以滿足我們的渴望？要付出什麼代價才能感覺滿足？」他想到的答案是：「用盡一切代價。」我們必須經歷

一切人事物並體驗共鳴才會覺得滿足。吃遍每一家餐廳；遊遍每一個國家、城市、異國景點；體驗過每一種自然奇觀；跟每一個自己渴望過的伴侶有過性愛；贏得每一座獎項；在每一個領域中成為頂尖；坐擁全世界一切好物等。我們必須每一樣都體驗過了，這才終於覺得足夠了，可以了。然而遺憾的是，即使我們擁有花不完的錢，時間和空間仍然會以某種討人厭的方式攔阻我們體驗。

卡爾・拉內（Karl Rahner）是二十世紀最重要的天主教神學家之一，他這句話耐人尋味：「在所有可達成之事都無法充分達成的折磨下，我們體會到這世界終究沒有任何一首完成的交響曲。」[3] 我很欣賞「未完成的交響曲」所勾勒的意象。不過像我這種不太有藝文水準的人，聯想到的是饒舌歌手錢斯（Chance The Rapper）的歌曲結尾被剪掉的感覺。你能想像那種「嗯？這樣就沒了」的挫敗感，那種旋律嘎然而止的焦躁感嗎？

這種感覺是身而為人的真實處境，這些詩人、預言家、牧師都體會到了欲望無窮的真實。欲望沒有極限，也永遠沒有滿足的時刻。記得嗎？問題在於我們有極限，有各種限制，所以我們總是焦躁不安。

換成數學語言則是：無窮的欲望減去有限的靈魂等於持續焦躁不安。我們的生活中充滿了長期未獲滿足的欲望，如同撓抓千萬次也止不住的癢。無論我們看到、做到、買到、賣掉、吃到、喝到、體驗到、參觀過的有多少，我們永遠想要更多。

身為耶穌門徒的我們，也就是身而為人所面對的問題很簡單：面對這一切受壓抑而未滿足的欲望，也就是這種焦躁不安，我們該怎麼辦？

耶穌的傳統告訴我們：人類之所以欲望無窮是因為上帝創造我們永遠與祂同住，因此任何小於上帝的事物都不可能滿足我們。所以，我們唯一的盼望就是將渴望放回適當的位置，也就是優先渴望上帝，並將其他欲望全都**放在低於上帝的位置**。這並不是要我們脫離所有欲望（如斯多噶主義或佛教），而是達到「不再需要＿＿＿也能活得幸福安心」的狀態。

新約時代之後講述關於耶穌的名句之一，出於聖奧古斯丁。在羅馬帝國殞落之際，這位希波主教說道：「祢為了自己的緣故創造我們，而我們的心焦躁不安，直到在祢的環繞中安歇。」[4]

近代的魏樂德則說：「人之所以欲望無窮，一部分是因為我們由祂創造、為祂而造、需要祂、會奔向祂。唯有在無限、永恆、能夠供應我們一切所需的上帝那裡，我們才能得到滿足；唯有與上帝同在，我們才是真正回到家。當人偏離上帝時，他對無限的渴望並未消失，卻只能取用必然引致毀滅的事物來取代上帝。」[5]

人若離開上帝，此生將沒有任何事物能夠滿足我們的渴望。可悲的是，我們還在繼續追逐無窮的欲望。結果呢？長期焦躁不安，甚至憂懼、憤怒、焦慮、希望幻滅、憂鬱──

這些都會導致生活匆忙、事情太多、超量負荷、購物、拜物主義、爭逐名利、想要擁有更為＿＿＿的人生，這些到頭來都會反過來讓我們更加焦慮不安，最後陷入失控的惡性循環。更糟糕的是，在這個以累積資本和追逐成就為核心價值所建構的現代社會中，數位行銷當道加劇了這種惡性循環。

廣告的目的，說穿了就是試圖將我們的不安變成他們的鈔票。據說我們每天看到的廣告高達四千則，而每一則都經過設計，用來挑旺我們心中的欲望之火。買這個、吃那個、喝這個、看那個、擁有這個、變成那樣。韋恩・穆勒 (Wayne Muller) 在他談安息日的書中寫道：「我們彷彿不慎陷入某種可怕幻境。」[6]

社群媒體將這個問題的嚴重性昇華到最高境界，使我們活在大量圖片的密集轟炸之下。這些圖像不僅來自於眾多行銷部門，還有富人、名人、友人、家人，而人人設法將生活中最美好的時刻「篩選、整合、揉合，並提供讀者取用」。這最終是種根本上的偏離，在人類的真實處境中悄然生成。這種偏離，也就是嫉妒，早在伊甸園時期就出現過；貪妒別人的生活，同時對自己的生活失去感恩、喜樂和滿足。

在數位時代的衝擊之下，人類與生俱來的躁動不安，為我們的文化帶來情緒不健康和靈性死亡的全面性危機。那麼，耶穌的生活和教導中，有沒有任何做法可以緩和存在於我們心中和文化中的長期躁動不安，並促使我們的靈魂進入有耶穌同在的安歇中？我想你的心中已經有了答案，而且還不只一個，而排名第一的做法就是安息日。

安息日

安息日（Sabbath），源於希伯來文的 *Shabbat*，可直譯為「暫停」。安息日就是暫停日，暫停工作、暫停渴望、暫停擔憂，單純的暫停。

回想一下，社群媒體的貼文或茶几上流行雜誌提供生活風格的廣告：一對夫妻悠閒靠在特大號雙人床上享用早餐、喝咖啡，一旁是有機亞麻布沿著床的邊緣灑落在地板上的畫面。網美般的海灘野餐——紅酒、乳酪、時尚泳衣。沙發上彈著吉他、欣賞下雨的二十歲出頭年輕人。無論這些廣告銷售的是新浴袍、鵝絨被，還是傢俱，它們所呈現的，幾乎都是關於安息日——暫停的畫面。

時尚傢俱公司、居家風格和旅遊雜誌的行銷部門都知道，你迫切渴望這種充分暫停的生活，**但偏偏你沒有**。於是他們利用你躁動的心情來賺你的錢。諷刺的是，要獲得這種感受，你不需要買下九十九元美金的毛巾浴袍，也不必擁有六十九元美金的披毯。你要的只是安息日，只是暫停，只是每週空出一天，放慢和呼吸。

然而，安息日不僅是一個日子，這是人生在世的一種存在方式，是心靈的安然休息。唯有天天與天父同住，活在祂的愛中，才能獲得這份安歇。

你可以用這個架構來看：

平靜安歇	躁動不安
留白	事情很多
緩慢	匆忙
安靜	嘈雜
深刻關係	孤立
獨處時間	人群
愉悅	注意力分散
享受	嫉妒
清晰	困惑
感恩	貪婪
知足	不知足
信任	擔憂
愛	憤怒、憂懼
喜樂	憂鬱、哀傷
平安	焦慮
工作出於愛	為愛而工作
工作是付出的途徑	工作是累積財富和追求成就的手段

你屬於哪一張清單？如果你對右邊的清單比較有共鳴，還是那句老話，不要有罪疚感。人的天性與數位時代聯手，惡意對抗心靈的安寧，我們全都在其中奮力掙扎。

難怪希伯來書作者說到安息日和心靈安歇時，會呼籲我們要「竭力進入那安息」。[7] 請留意這句話的矛盾之處，我們要先努力才能好好休息。

安息日對許多人來說，是一種很困難的操練，需要非常刻意，因為它不會自然發生；需要計畫和準備，還需要自我控制。意思是，我們必須對許多很好的事情說不，才能夠對最好的事情說是。然而安息日是我們在整體生活中，培養寧靜心靈的主要紀律或做法。安息日對心靈安歇而言，既如同足球賽前練習，又如同樂團開唱前的彩排。安息日是我們為了最重要的時刻所做的身心操練和預備。

美國知名舊約神學家布魯格曼（Walter Brueggemann）說得好：「人若持守安息日，一週七天的光景都會隨之改變。」[8] 你要當心安息日，它會攪亂你。起初，它每週攪亂你一天，接著會攪亂你的一生。

說更清楚些，過安息日，只有半天或一天是不夠的。所以，安息日被融合在耶穌的每週慣例中。

安息日的耶穌

一個慵懶的週六下午，晴空萬里，烈日炎炎。耶穌跟門徒一同徒步穿過一片玉米田，就跟往常一樣。那天是安息日。這是耶穌和「第七天」的眾多故事之一。耶穌的生活節奏中，有一個核心紀律——每個禮拜保留一整天，單純用來放慢腳步和暫停。

而就在某個安息日，法利賽人來找耶穌的麻煩。他們強烈反對耶穌和朋友慶祝安息日，他們徹底忽略了上帝在安息日背後的心意，於是耶穌用慈愛的態度反駁：「安息日

是為人設立的，人不是為安息日設立的。」[9]

多麼震撼人心的一句話。可惜，幾千年後，正反覆閱讀這句話的我們卻經常誤解它的意思。根據上下文，耶穌所批評的是當時墨守律法和充滿罪疚感的宗教文化，因為他們徹底忽略了在每個禮拜一天放慢腳步的命令背後，有著天父真正的心意。當時的文化跟現在恰恰相反。

第一世紀猶太教徒需要聽到的，是這條命令的後半部：「安息日是為人設立的，**人不是為安息日設立的。**」因為他們本末倒置。

當時間快轉到二十一世紀：我們並不會對守安息日抱持律法主義，因為大多數人根本不守安息日。放假一天？當然好。主日崇拜？有空再說。至於安息日？知道這是什麼的人，寥寥無幾，這就是真相。安息日不是新概念，它比耶穌時代早了一千年，只不過，我們對它十分陌生。[10]

我的波特蘭同鄉和摯友司沃博達（A. J. Swoboda）在書中寫道：「教會已大致遺忘安息日，並對工業化和迷戀成功的西方文化照單全收。結果呢？這些累得走不動、精疲力竭的教會，大多都沒有將安息日視為基督徒的重要紀律，也沒有將它融入日常生活之中。並非我們不愛上帝——我們深愛上帝，只是再也不知道如何與上帝一同坐席。我們很可能已經成為歷史中，情緒最疲乏、心理最過勞、靈性最營養不良的世代。」[11]

我認為二十一世紀的美國人（是的，還有我遠在英國、

澳洲、冰島的朋友們，還有你）最需要聽到的，其實是這條命令的前半部：「安息日是為人設立的。」安息日是上帝親自創造的，而且是專為我們設計的。這是創造主賜給我們享受的禮物，要滿懷感恩接受它。

耶穌用一句代表性的話語來教導我們安息日，而祂採用的做法跟地球的年齡一樣古老，可以追溯到創世紀第一章。

起初……

聖經故事最開頭是這麼說的：「起初，神創造天地。」祂在辛勤工作六天，讓宇宙順利運行之後：[12]「到第七日，神造物的工已經完畢，就在第七日歇了祂一切的工，安息了。神賜福給第七日，定為聖日；因為在這日，神歇了祂一切創造的工，就安息了。」[13] 抓到重點了嗎？

上帝休息了。「是沒錯啦，可是我對安息日沒什麼興趣。我個性外向，喜歡一直有事情可忙。」

上帝休息了。「對，安息日這回事我聽懂了，可是我的工作繁重，而且我很重視它，所以我真的沒有時間，因為……」

上帝休息了。「是啊。可是我需要在家帶兩個小孩，現階段不太可行。或許等到……」

還要我再重複一次嗎？上帝休息了。

上帝這個舉動，等於是在萬物的基因中建置了一種節

奏，那是一個有切分音符的節拍。上帝工作六天，休息一天。如果我們對抗這種「工作六天，休息一天」的節奏，就是違背宇宙常態。引用哲學家法默（H. H. Farmer）的話來說：「如果違反宇宙常態，你只會獲得碎片。」[14] 我邀請大家過安息日時，有些人會用一句俗話半開玩笑地婉拒：「是啊！魔鬼從不放假。」是這樣嗎？據我所知，魔鬼已經輸了，而且牠是魔鬼耶。

人類社會上一次試圖放棄一週七天制，是在法國大革命期間。為了提升生產力，他們將一週改為十天。勞工階級就此崛起，結果卻是災難一場——經濟崩潰、自殺率飆高，而生產呢？下降了。研究一再證實：匆忙和生產力之間毫無相關。事實上，每週工作只要超過一定時數，生產力就會直線下滑。想知道數字嗎？五十個小時。很諷刺的是：這恰恰是一週工作六天的時數。一項研究發現，將工作時數七十小時的工人，與工作時數五十五小時的工人進行對照，兩組工人的生產力完全一樣。[15] 上帝有沒有可能正透過我們的身體向我們說話？

我要說的是，這個節奏並不是人類發明的，不是《高效能人士的七個習慣》上古版的聰明副產品。而且就算我們想要順應時代，也不能夠擅自調整或改變這個節奏。這是一個由卓絕意識所設計出來的方法，目的是為了使人類的心靈和社會繁榮茁壯。

抗拒這個節奏，就是抗拒上帝。抗拒上帝，就是抗拒自己的靈魂。那麼，創世記作者所說的「安息」是什麼意思？

上帝累了嗎？祂倦怠症爆發？

我說過，希伯來文中 *Shabbat* 的意思是「暫停」，不過，這個字還有「歡欣愉悅」的意思，所以具有雙重概念。意即在暫停的同時，並因上帝的同在和我們生活在祂所造的萬物中而喜樂。安息日就是保留完整的一天，學習上帝暫停工作，開心一下。

上帝因世界歡欣，因我們的生命喜樂，更重要的是，祂自得其樂。

如果你不熟悉安息日，接下來的問句有助於你落實這個做法：我在一天二十四小時之內可以做些什麼，好讓我的靈魂充滿深刻的喜樂和悸動？並使我不由自主發出驚嘆、敬畏、感恩和讚美？

艾倫德（Dan Allender）在《安息日》（Sabbath，暫譯）一書中說：「安息日是進入喜悅的邀請函。如果依照上帝原本的想法去體驗，那麼安息日會是我們生活中最棒的一天，這毫無疑問會是一個禮拜當中最為美好的一天。我們會在禮拜三、四、五期待這一天，會在禮拜天到禮拜二對這一天念念不忘。安息日是值得全然投入的神聖時間，我們吃大餐、玩樂、跳舞、享受性愛、歌唱、禱告、歡笑、講故事、閱讀、繪畫、散步、欣賞萬物的美好。很少有人願意進入安息日，將它完整保留給上帝並虔心投入，因為大多數人終其一生連歡樂一整天都難以承受，更何況每個禮拜。」[16]

這一切的根源是上帝。祂休息了，祂暫停了，祂保留

一整天，單純為了在祂所造的世界中歡欣。不過，請注意上帝還做了別的事，祂「賜福第七日，把它分別為聖」。這裡要注意兩件事。

首先，安息日是「受到祝福的」。創世記的故事中，上帝祝福了三件事。依照順序，上帝用一種祈願的方式祝福了動物王國：「滋生繁多。」[17] 接著，祂用相同方式祝福了人類：「要生養眾多。」[18] 然後，上帝祝福了安息日。等一等，所以上帝祝福了動物、人類，然後祝福了一個日子？這什麼意思？這表示安息日就跟動物和人類一樣，都具有孕育並賦予生命的能力，能夠讓世界充滿更多生命。

生活很累人（讀到這句話你或許會嘆氣），一週將近尾聲，即便你熱愛你的工作，你的情緒還有各方面，甚至靈性，都還是會因此大幅耗損。安息日是我們使心靈重新得力的途徑。

我最近讀到一位醫生研究地球上有哪些人最快樂。在他排行榜前幾名的群體中，有一群人是基督復臨安息日會的基督徒。聖經說要守安息日，他們就虔誠遵守、切實去做。這位醫生發現這群基督徒比一般美國人多活十年。[19] 我推算了一下：如果我每七天守一次安息日，一輩子的安息日加起來總共差不多就是十年。所以，當我說安息日賦予生命，並不是空口說白話。如果這項研究足以採信，那麼你每守一天安息日，就統計和科學而言，你就多拿回一天壽命。[20]

從現在開始，我打算一個禮拜過三天安息日。這樣不

僅壽命延長，更能讓生活品質改善。所以，回到第一點，安息日是「受到祝福的」。第二，安息日是「分別為聖的」。你有沒有想過，上帝怎麼會將一個日子稱為「分別為聖的」呢？

安息日跟當時的想法格格不入。古代近東地區的諸神都住在一定的空間範圍內，不屬於時間領域，要找他們必須進入某個神廟、神山或祭祀地點。但是**這一位神**，唯一而真正的造物主，不需要我們去某個地點尋找，只需要在一天當中遇見祂。如果你想要遇見這位神，你不需要去麥加或瓦拉納西或巨石陣朝聖，你只要每週挪出一天來過安息日，而且暫停的時間夠長，就能經歷到祂。

所以，有一個日子是受到祝福，而且是分別出來作為聖日的。創造的節奏，六加一的韻律。當我們踏進這個節奏，就會體驗健康和生命，如果我們對抗這個節奏，忽略它、壓抑它、將它遺忘在後頭、霸凌它、找藉口、設法擺脫它，我們就會自食其果。

心理方面：我們會因而變得精神萎靡、麻木、無創造力、注意力不集中、焦躁不安。情緒不健康會變成我們的新常態。易怒、憤怒、憤世嫉俗、挖苦別人諸如此類的情緒，將合力壓垮我們的防禦能力並控制我們的脾氣。

身體方面：我們疲憊而憔悴，免疫系統降低導致身體出問題，例如常常感冒。這是因為神經系統試圖引起我們的注意。

然而我們繼續堅持向前，直到無可避免的——崩潰。當我們的身體和心理耗盡，整個人就會跟著垮掉。我有我的故事，大部分都在這本書最前面講過了，只留下一個還沒說，是關於我 A 型人格工作狂、耗盡雄心壯志（那個專有名詞是什麼來著？喔，驅力是吧？），卻完全不知道如何停下來休息的故事。我當然是週休一天，但是我總是利用週休做些沒有薪水可領的雜事，像是處理帳單、整理庭園，還有購物、娛樂。

　　我的字典裡甚至沒有安息日這個詞，當然更不會從我口中聽到，雖然我們全都自願或非自願的參與安息日。最後，違反宇宙常態的後果終究找上我。我整個人垮掉了，而且很嚴重。我的安息年長假彷彿索取利息的債主，前來向我追討十年未曾履行的安息日。

　　我猜，你也有自己的故事。如果沒有，你會有。安息日會找上你，或為使你歡喜，或為管教的緣故。

　　或許這就是上帝最終將安息日設為一條命令的原因。你會不會覺得很奇怪？就好比有人命令你吃冰淇淋、去聽現場演奏會或去海灘玩水。你或許以為人人都會迫不及待去落實安息日，但顯然某些人生真實處境，會使我們想要全力加緊人生腳步，並對抗時間的有限性。由於我們不成熟、失衡、成癮，上帝不得不命令我們做一些能夠讓生命重新得力的事情——休息。

　　聖經中有好多關於安息日的命令，讓我們來看看其中

最重要的兩個。

命令一：安息日用來休息和敬拜

場景：以色列人在西奈山周圍安營。他們剛從埃及出來，即將成為「聖潔的國民」[21]，即上帝的子民。不過呢，最重要的事必須先說清楚，他們需要一些大原則，來指引他們進入全新的生活，所以上帝整理出十條規定：十誡。美國公民自由聯盟推倒的法院石碑上寫的就是十誡。其中一個命令比其他的都長，而且長很多。如果將這十條規定做成圓餅圖，這一條的佔比超過 30%。那麼，這條命令是什麼？

「當記念安息日，守為聖日。」[22]

我很喜歡這句話的一開始寫到「當記念」。人們很容易忘記這個日子是受到祝福和分別為聖的，也很容易被生活的速度拉著跑，導致自己的生活步調急遽加速到讓自己快要瘋掉的程度。於是忘記祂是創造主，而我是祂所造的。

要牢記，生命臨到我們，這是一份禮物。

要牢記，花時間享受生命，並將它當作感恩的敬拜。

要牢記，活在此時此刻，並且喜樂。

人有健忘傾向，所以上帝命令我們要牢牢記住。

然後上帝說：「六日要勞碌做你一切的工，但第七日是向耶和華——你神當守的安息日。」[23] 請留意，關鍵是

「向耶和華」守安息日，這也可以翻譯成「為耶和華而保留」或「獻給耶和華」。因此安息日不只是休息日，更是敬拜日。我說的敬拜，不只是在教會唱唱歌而已（雖然也滿好的），而是一生以上帝作為你所專注的方向。

抄一下筆記，因為這句話很重要：**安息日跟放一天假不一樣**。但哪裡不一樣？

尤金・畢德生給了一天假期一個名稱，叫做「私生安息日」[24]，指的是第七天和西方文化私自結合而形成的產物（如同私生子）。理論上，你不會在週休那天為雇主工作，但你仍然忙東忙西，你跑辦雜事，忙於家務、支付帳單、去一趟 IKEA（四個小時就沒了），然後你玩樂、看電影、跟朋友踢足球、逛街購物、騎自行車繞城一週。這些都很好，全都很好。我喜歡放假，但是這些活動的總和，並不等於安息日。

我們在安息日做的事情，只有**休息和敬拜**。而在安息日，我會用這個原則來分辨每一項活動：這是休息和敬拜嗎？如果「不是」，或「好像是也不是」，又或者是「我想想……」，那我就不做，因為還有六天可做這一類的事情。急什麼？我並不匆忙。

有沒有注意到，這條命令有多麼容易、自由、寬廣、不律法主義？「休息」和「敬拜」的範圍很廣，依據你的 MBTI 人格類型指標或各個人生階段，你擁有很大的詮釋空間。沒有固定公式，也沒有規定完成的事項和時程表。每個

人的安息日看起來都不太一樣。像我這樣一個三十多歲，性格內向，在忙碌城市養家糊口的牧師，我的安息日跟住在大學宿舍的二十歲單身女孩，或是住在農場的空巢族，肯定不一樣。你做你自己就好。重點是，挪出一天，除了休息和敬拜，什麼也不做。

一般人聽到「敬拜」，會以為要唱一整天敬拜歌曲，還要閱讀聖經和練習為別人禱告，這些都很好。但是我所說的敬拜，是廣義的，是整體意義上的敬拜。將你的靈性操練範圍擴展成：在露台上吃墨西哥捲餅，或跟朋友吃一頓慵懶而漫長的晚餐配紅酒，或跟心愛的人或最要好的朋友去沙灘散步，總之是任何能夠讓你從心發出感恩，並真心承認上帝真實而且良善的事情。

然後這條命令在結尾部分解釋了「為什麼」，也就是上帝制定安息日的動機：「因為耶和華用六天造天、地、海洋和其中萬物，第七天安歇，所以耶和華賜福給安息日，把這天分別為聖。」[25]

安息日是十誡中唯一附帶說明「為什麼」的規則。上帝沒有說：「不可殺人，這樣很壞，因為……」也沒有說：「不可偷盜，這個想法很糟糕，因為……」但對於安息日，上帝重溫創世記的故事，呼喚祂的人民進入「恩典的節奏」。

事實上，我發現很有意思的是，安息日是十誡中，唯一的「屬靈紀律」。不是上教會、讀聖經，甚至不是禱告。

安息日是上帝賦予祂子民內心安穩踏實的一條紀律。因為太重要，所以上帝用祂的慈愛，命令我們要記得休息。

這是第一個命令，再來看看第二個。

命令二：安息日是一種反抗

場景：以色列人在約旦河岸，距離迦南地已經不遠。他們離開西奈山已經四十年，因為犯了嚴重的錯誤，導致以色列人的行程延誤了四十年。結果，摩西必須將這十條規定，跟下一代的人**重新講一次**。他們這些後代子孫大多數沒有西奈山的經歷，就算有，也因為當時年幼而記憶模糊。所以現在摩西要開課幫大家做總複習。但是摩西給的「再版」中，出現了一處細微更動，這很容易被人忽略，所以要特別留意：「要遵守安息日為聖日，照著耶和華你神吩咐你的。六日要勞碌，作你一切工作。但第七日是屬於耶和華你神的安息日。」[26]

發現哪裡不一樣了嗎？沒錯，句子的一開頭不一樣。摩西說的不是原版的 remember（記念）安息日，而是用了具有歧異的字眼 observe（留意、遵行）。這究竟意味著什麼？

想像我們如何「遵行」聖誕節或復活節。我們預先做準備、做計畫，精心策畫並期待這特別的一天到來。然而，安息日就像每個禮拜一天假期，沒有任何心理壓力、零戲劇性家庭事件。每週一次，為上帝創造萬事的美好而歡慶。

除了這個用字不同，這條命令大致上沒有改變，直到最後一句才有所更動，而且被嚴重「編輯」過：「你也要記念你在埃及地作過奴僕；耶和華——你神用大能的手和伸出來的膀臂將你從那裡領出來。因此，耶和華——你的神吩咐你守安息日。」[27]

這個更動可不是微調，這背後的理由，跟原版命令的理由截然不同。所以摩西到底想表達什麼？讓我根據語法來解釋一下。

出埃及記中，安息日的命令來自於創世記故事，以上帝創造世界的節奏為基礎。我們踩著這個節奏，就可以走進情緒健康和屬靈生活，這是原本上帝要我們過安息日的原因。

但在申命記中，安息日的命令是以出埃及記的歷史為基礎。以色列人脫離了法老王的統治和奴役並獲得自由，於是守安息日就有了完全不同的理由。為什麼會有這種變化？因為他們是在自由環境中成長的第一代。他們的父母、祖父母、曾祖父母世代為奴隸，幾世紀以來，草菅人命的埃及帝國奴役他們搬磚頭、蓋金字塔和大型建築物。這個帝國胃口貪婪，必須不斷建設倉儲型的城市[28]，以便儲存多出來的東西。「想要更多」的貪欲驅策著這個帝國。

埃及，就跟後來許多帝國一樣，將經濟體系建立在一群受壓制的人民身上。為了滿足法老王的揮霍、富裕、奢華，帝國需要廉價勞工，需要可供壓榨到極致，甚至粉身碎骨的奴隸。

奴隸沒有安息日，甚至沒有假日。他們日夜工作，直到一命嗚呼。奴隸是次等人類，是電子表格上的一項細目。他們像商品一樣可供買賣，是有錢有權的人達成目的的工具，重要的是賺了多少錢。

我的朋友們，「埃及帝國」至今仍然存在，我們就活在它的重重包圍之下。我們生活在一個「想要更多」的文化中，如同無底洞，對一切貪得無厭。我們渴望更多食物、更多飲料、更多服裝、更多設備、更多應用程式、更多物品、更多土地、更多體驗、更多護照蓋章——更多更多。

我們擁有太多亂七八糟而不必要的東西，我們就跟埃及帝國一樣，必須為自己囤積的物品建造城市，並稱之為個人倉儲空間。這在美國是一個價值三百八十億美元的產業[29]，佔用土地面積高達二十三億平方英尺，若按人口數量平均分配，每個美國人可以分到七平方英尺以上的空間。[30]意思是，光是這些倉儲空間，就足夠容納全國人口居住。

法老王肯定會愛死美國。我們跟埃及一樣，是靠著壓迫窮人而建立的帝國，美國和其他許多國家就是這樣。更嚴重的是，我們找到了一種奴役他人而無罪的途徑。我們想要說服自己相信奴隸制度終結於一八六五年，但其實我們只是將它移去海外，掩耳盜鈴，自欺欺人。目前全世界有兩千八百萬名奴隸，比十八世紀北美大陸販賣的奴隸人數還多。[31]說不定你家裡或居住的地方，到處都有他們生產的東西：T恤、襪子、掛鐘，還有那串香蕉。

事實上，經濟學家將全球經濟體系繪製成金字塔，有人甚至將它稱為「全球財富金字塔」。現在來看看這個金字塔：全世界最富有的 0.7% 人口，擁有全世界 45.9% 的財富。那些錢多得不怎麼正常的有錢人，你知道的，有車、有電腦、有很多雙鞋（而且很可能一邊讀我的書，一邊喝著五元美金的拿鐵）。

至於底層呢？略為超過全世界 70% 的人口，擁有少得可憐的財富，僅佔全球財富的 2.7%。[32] 全東南亞和整個非洲大陸，有無以數計的勞工為我們製造鞋襪、智慧型手機和星際大戰午餐盒。許多人每週工作七天、每天工作十二小時，無論在越南悶熱的工廠，或在烏茲別克的棉花田，他們為了糊口，忍受許多違背個人意願的待遇。他們仍然活在帝國的鐵靴之下。

全球財富金字塔（以美金計算）

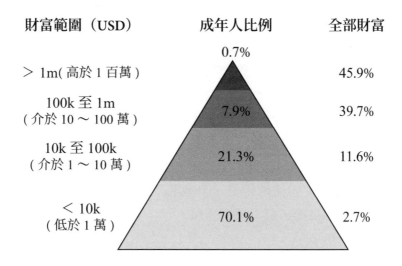

財富範圍（USD）	成年人比例	全部財富
＞ 1m(高於 1 百萬)	0.7%	45.9%
100k 至 1m（介於 10 ～ 100 萬）	7.9%	39.7%
10k 至 100k（介於 1 ～ 10 萬）	21.3%	11.6%
＜ 10k（低於 1 萬）	70.1%	2.7%

如果你正在讀這本書，你很有可能更接近金字塔的頂端，而不是底端；那就是埃及帝國的微妙之處。如果你是奴隸，人生如地獄，如果是你是美國人，你的日子比他們舒服不只一倍。

那麼，剛剛說的這些跟安息日有什麼關聯？這關係可大了。正如舊約學者布魯格曼所說，安息日是「一種反抗行為」。[33] 這是針對法老王和埃及帝國的反抗行為，是針對西方世界各種「主義」──全球主義、資本主義、物質主義的反抗和叛變。這些聽起來滿不錯的主義，迅速使窮人和富人都淪為奴隸。安息日是一種保持自由的方式，這個方式同時確保你不會再度陷身為奴，也不會淪為奴役他人的剝削者。

我的朋友司沃博達將安息日稱為「定期的社會正義」。我聽見世界上無法抗拒的不公平或美國社經差距時，心裡往往特別不舒服，所以，心想**我到底能做什麼？**我想有一件事是我可以做的，就是每個禮拜一天，什麼都不做。

你可以想像，如果每週停止一天商業活動，這個社會會是什麼光景？如果商家開放時間從七天二十四小時變成六天二十四小時？又如果網站停收訂單、亞馬遜倉庫休業一天、餐廳不開張呢？你可以想像這對我們城裡的窮人有什麼好處？這可以為他們創造休息的空間，讓他們有時間跟自己關心的對象相處。這對我們其他人來說好處更多，因為可以不買任何東西，好好過完一整天。

我們可以的。有好些由基督徒經營的企業，已經勇敢

踏出這一步，他們的商店或網站在禮拜天暫停營業（因此經常被人嘲笑）。或許你我不是公司老闆，但我們仍然可以透過實踐安息日，為這個世界的社會正義盡一份微薄的心力。

安息日是表達「夠了！」的一種方式。買東西不見得是壞事，然而我們大多數人不僅不虞匱乏，還享受著富裕而滿足的生活，如同詩篇作者所說：「我必不致缺乏。」[34]

這就是猶太律法（Torah）嚴禁安息日買賣的緣故。這些舊約聖經中的規定，並不是現代人「不必遵守」的陳腐律法。這是一種練習，能夠使我們生命重新得力，從而破除我們對「成就和累積」這兩個西方神祇的上癮。同樣的，只要他們不利用窮人（但通常會），成就和累積這兩件事情本身並不邪惡。然而，事情總得有個限度，有時候，你必須在沙地上畫出一條界線，然後說：「我很滿足。我不需要新鞋，書架上不需要增放擺飾，車庫不需要新添收藏，我也不需要泡那麼多次三溫暖。」

我有這些就足夠了。我真正需要的是有時間去享受已經擁有的一切，而且是跟上帝一起享受。

安息日如同游擊戰術。如果你想要從埃及工頭榨取血汗的軛和埃及帝國永無止境的貪欲掙脫出來，那麼，每週保留一天反抗這個極權。不買賣、不購物、不上網、不讀雜誌。（喔，不過泡澡看雜誌，倒是另當別論）

單純放下這一切來享受平凡生活：朋友聚餐、家庭時光、森林漫步、下午茶。最重要的是，給自己一段夠長的時

間放慢步調，去享受有上帝同在的生活。至於物質主義所承諾卻永遠無法兌現的東西，尤其是「內心滿足」，上帝會全數供應我們。

套用羅海瑟的話說（我覺得我應該分這本書的版稅給他）：「我們有太多不快樂來自於比較。我們理想化非基督信仰的觀點，誤將『人間即天堂』視為可相信的承諾，所以將生活、友誼、愛情、承諾的責任、義務、身體、性和各方面作為比較標準。這情形一旦發生，也的確發生，那麼緊繃的情緒就會逐漸使我們抓狂，進而在上述情況下導致焦躁不安，猶如癌症擴散。」[35]

天啊，猶如癌症擴散的焦躁不安。他接著說：「然而，真正的休息是一種覺察狀態，是一種存在方式。休息就是帶著從容、感恩、欣賞、平和、禱告的心，去過著平凡的生活。當我們覺得平凡生活是足夠的，我們的心就會放鬆休息。」[36]

那麼，你想要的是什麼？那種跟法老王一樣古老、癌症擴散般的焦躁不安？總是拿自己的生活跟別人比較？渴望下一次購物使你地位逐漸攀向頂端？還是從不急不躁的生活中得著滿足？

如果平凡生活就足夠令人滿意呢？

生活速度管制裝置

說到焦躁不安的惡性擴散和購買自己不需要的東西，我想到新婚時，那段頂客族（DINK，雙薪、無子女）的璀

璨歲月。當時，太太買了一台摩托車作為我的聖誕禮物。

太太這麼照顧我，真是太太、太好了！所以，我自然要投桃報李一番。一、兩個月後，我在結婚週年買下一輛偉士牌機車送給她：全新、天藍、二輪承載的幸福。

我必須先在駕照上取得摩托車行駛許可才可以幫她試車。她這台偉士牌上有一個叫做「管制」的裝置，你知道那是什麼嗎？當時我不知道。搞了半天，這個引擎上的小蓋子是用來防止時速超過五十英里的。根據俄勒岡州法律規定，凡是時速低於五十英里的輕型摩托車都不需要申請摩托車行駛許可。

明白了嗎？就是這麼一回事。安息日就像是管制生活速度的裝置。我們一整個禮拜都在工作、娛樂、煮飯、打掃、採購、運動、回簡訊，過著現代生活，但是我們最終到達了極限。到了安息日，我們放慢腳步；不僅如此，我們還要徹底暫停。

我在開始實行安息日之後才突然發現，原來要真正享受第七天，你連其他六天的步調都得跟著放慢。你不可能天天將油門踩到底，以九十英里時速前進，連續六天徹底折騰你的靈魂，然後期待光憑猛踩煞車，就可以進入安息日並隨即感受到放鬆愉悅，你必須找到節奏。我提過我參加過獨立搖滾樂團，這就像樂團搭配即興演出時，團員必須靠著摸索來進入彼此的節奏。

因為安息日不僅僅是你週曆上的某一段二十四小時的

排程，更是陪伴你度過一週的心靈安定狀態。這是一種活在從容、感恩、欣賞、平和、禱告中的生命狀態，它讓人因休息而重新得力，不再為得到休息而拼命工作，也不再需要證明什麼。藉由這種方式獲得成果，你只需要恆常持守，不需要野心競逐。

布魯格曼有句話很有說服力：「人若持守安息日，一週七天的光景都會隨之改觀。」[37] 這就是安息日被安排在第七天，而不是第三或第四天的緣故。安息日並非一週的中場休息，僅僅讓我們稍事休息就必須立刻回到在意的工作上繼續忙碌。安息日是生活的高潮和頂點，引導著整週生活的走向。

如果你還沒開始過安息日，那你肯定錯過了每週最美好的一天。所以，深呼吸一下吧。我快說完了。

為了逐漸放緩並進入本章的結尾，讓我說點真心話：我個人打從心底享受安息日的做法。對我來說，安息日不是基本教義派的可笑慣例或律法殘骸，而是模仿耶穌生活方式的操練，是一個傳遞生命的系統。

關於身為跟隨耶穌的我們，如今是否仍須遵守安息日？目前依舊眾說紛紜、各抒己見。我是少數認為需要繼續過安息日的人，畢竟這是十誡中的一條規則，而且耶穌從未宣告廢除。的確，早期教會將安息日挪到禮拜天，但至少在一九五〇年代之前，禮拜天仍然是屬於主的日子。意思是，安息日不是只有上教會兩小時就沒事了，而是一整天的放鬆

休息。

要聽實話？我已經不在乎我是否需要遵守安息日，我**想要**過安息日。就算安息日有朝一日再也不是明文規定，它仍然屬於宇宙常態規律，它仍然是一份禮物，而我想要打開它、享受它。

我的安息日，十次有九次是我一個禮拜中最美好的一天，我絕對沒有誇大其詞。我們每逢禮拜五晚上吃完安息日晚餐，就會用一個一平方英尺的鐵盤，烤一塊巨無霸、超好吃的巧克力餅乾，再把一整桶冰淇淋倒在上面讓它稍微融化，然後大家直接開吃——這是一種象徵性行為，表示我們作為一家人的凝聚和對甜食的集體熱愛。我們圍著桌子大快朵頤的同時，每個人會輪流分享一週大事，而我覺得自己像一張跳針的唱片，因為我幾乎每個安息日都會發出這樣的讚嘆：「這是最棒的安息日！」而且通常還會有更多驚喜臨到，讓下一週安息日比這一週更開心。

安息日是我感覺自己與上帝連結最深的日子，也是我感到與妻兒連結最深的日子，更是我與自己靈魂連結最深的日子。我在安息日感到特別清醒，卻又特別平靜。這是我期待的歡樂日子，這是為我未來一週定調的日子。

每到禮拜三或四，我會聽見自己默默告訴自己：「你辦得到。」因為我知道安息日即將到來。每到禮拜天或禮拜一，我發現我會有這樣的念頭：「我辦得到，因為安息日已經為我充電。」

當我想起還沒開始過安息日的那些日子，就覺得不寒而慄。我絕對不要回到埃及地，絕對不想再度成為奴隸或剝削奴隸的人。我自由了，我想要保有自由，而我也希望你親自體驗這個不匆忙，充滿愛、喜樂、平安的日子。

你心裡很明白，你渴望過這樣的日子。

如果你的故事跟我的故事有任何類似之處，你會需要一些時間才能掌握安息日，畢竟，過安息日是一個動詞，是你得去做的事情。這是一個練習，一個待磨練的技能，我可是花了好幾年的反覆嘗試和調整才學會。隨著孩子進入青春期，我們也還在不斷調整做法和重新適應。

重點是：這個做法對我們的文化，甚至教會文化來說，都太過於另類和陌生，所以你有可能需要一段時間才能上手。沒關係的，請牢記，你沒什麼好著急的。

一開始，只要保留一天，把那天的時間完全空出來。關掉你的手機。做一個禱告，邀請聖靈陪伴和帶領你進入上帝的同在，然後，**休息和敬拜**──用任何可以使你靈魂重新得力的方式。

每個禮拜，我的家人跟我自己是這麼做的：我們在禮拜五日落之前完成待辦事項、寫完功課、買完菜、卸下任務、關掉所有電子設備（我們將這些東西放進盒子、塞進壁櫥），然後一家人圍著餐桌坐下。我們打開一瓶紅酒，點上幾支蠟燭，閱讀詩篇和禱告，然後大吃一頓。基本上我們接下來的二十四小時都在吃吃喝喝，這是我們掌握安息日的方

式，而且，也是耶穌的方式。我們禮拜六上午睡飽、喝咖啡、讀聖經、用更多時間禱告。我們花時間待在一起聊天、歡笑。我們夏天去公園散步，冬天在壁爐邊生火取暖、擁抱、睡午覺（猶太人甚至將安息日的午睡命名為 *Shabbat shluf*，所以我們在安息日拼命午睡），還有享受性愛。

老實說，我大部分的時間都只是坐在窗邊，感受自己的存在，就像是每週享受一次沒有壓力的聖誕節。然後，就在一天過去差不多一半的時候，某種難以言喻的事情發生了。感覺就像是我的靈魂趕上了我的身體，就像是我內在深處，被會議、電子郵件、推特、關係衝突和生活挑戰所壓倒和淹沒的某個部分，現在重新浮回了表面。

我感到自由。

我有了自由，不再需要做得更多、獲取更多、提升更多。我擺脫了那股邪惡、毒害心靈的力量，也就是奴役這個社會的那份焦躁不安。我感覺到另一種使我整個人從容安穩的能力，就是聖靈，於是我發現我的平凡人生令人心滿意足。

到了禮拜六晚上，當我再次打開手機重新回到現代生活，我的動作變得好慢、好慢。而且，哇，這種感覺，好得無與倫比。

Simplicity

簡樸

　　讓我們先從耶穌的幾句話開始。如果我們足夠誠實，大多數人都會承認自己不同意或不喜歡這幾句話。

　　「你們要謹慎自守，免去一切的貪心，因為人的生命不在乎家道豐富。」[1] 還有這個：「你們要變賣所有的賙濟人。」[2] 等等！那我的退休存款呢？你不知道社會保障面臨危機？醫療保險呢？這聽起來很不負責任。

　　「不要為生命憂慮吃什麼，喝什麼；為身體憂慮穿什麼。生命不勝於飲食嗎？身體不勝於衣裳嗎？你們要先求他的國和他的義。」[3] 好了，你把我搞糊塗了。我擔心的可不就是這些？有錢才能付帳單啊。你知道我住這個城市房租有多貴嗎？更別提我的學生貸款了。難道你指望我整天光是坐在那裡禱告？

　　「後來有世上的思慮、錢財的迷惑，和別樣的私慾進來，把道擠住了，就不能結實。」[4] 你的意思是，財富具有「迷惑人的」本質，跟騙子一樣會行使騙術，而且能使我的心靈土壤窒息，並抑制我在上帝國度中的靈性生命？

「我又告訴你們，駱駝穿過針的眼，比財主進神的國還容易！」[5] 你是說財富讓人在上帝國度中經歷靈性生命變得困難而不是更容易？這個推論不合理吧？我怎麼覺得我擁有得越多，似乎生活越好？

你感到更困惑了嗎？如果你覺得耶穌的話很離譜，不只你這麼認為，大多數西方人都有同感。我剛開始認真將耶穌當作我的導師（而不只是救主）時，最讓我心裡不舒服的正是祂對「財富在美好人生中的地位」的看法。老實說，我是在多年以後才勉強認同祂的觀點。

如果你不認同耶穌的金錢觀，那麼，你很有可能跟許多西方基督徒一樣（包括我，反反覆覆直到最近才有所改觀）並不真正相信福音：只要透過耶穌，你向來渴望的人生就會完全攤在你眼前；只要透過耶穌，你就能來到天父的同在中，而且絕對沒有任何事物，包括收入高低、人生階段、健康狀況、關係狀態，足以阻擋你擁有「真實活著」的人生。[6]

攔阻你的，可能是你所相信的另一套「福音」，它對美好生活以及如何獲得美好生活抱持截然不同的觀點，我們姑且稱之為「美式福音」。（在此向美國地區以外的朋友致歉，請你將就一下這個說法）

美式福音與耶穌福音的觀點恰恰相反，濃縮成一句話就是：你擁有越多，就越快樂。買下那套洋裝、那雙新鞋、那支高爾夫球桿、那盆幾何盆栽仙人掌，你自然就會快樂起來。用舊車換購新款車型，因為它的品牌標誌上有一圈

LED 小燈。把握機會買下更大更好的住宅：公寓、大樓和透天宅，並確保採用目前最流行的傢俱，最好是瑞典或澳洲進口貨。

努力工作往上爬的你，為了升遷、加薪、獎金而必須傷害他人也在所不惜，如果得到就會開心。拜託，誰不知道開心並不難：螢幕上 PayPal 的點擊按鈕是你與新裝備、小玩意、車貸、房貸之間的唯一距離。雖然暫時買不起，但幾乎觸手可得，**還差那麼一點**，感覺近在不遠處。

但我要告訴你一個眾所周知的事實：我們每個人的鼻子前面都吊著一根胡蘿蔔。法國社會心理學家尚・布希亞（Jean Baudrillard）曾經強調：「西方世界的物質主義已然成為全新主導的意義系統。」[7] 他認為，取代基督文化的並非無神論，而是購物。

現代人從自己所消費的物品中獲取人生意義，我們甚至透過自己所買入或賣出的商品獲得身分認同。我們大多數人打死都不承認這一點，但許多人卻對「我等於我買的東西」一說深表同感。說得更具體一些：「我的衣服、我的手機品牌、駕駛的車款、居住的區或家裡擺設的展示品就是我。」

對許多人來說，物品不只是物品，而是身分的象徵。購物位居當今美國最熱門休閒活動，取代了往日宗教信仰的地位。電商平台是新的朝拜聖殿，信用卡的帳單是新的奉獻祭壇，滑鼠點擊兩下是新的禮拜儀式，生活風格網紅是男女祭司。金錢，則是新的神祇。難怪唯一被耶穌提到名字的神

祇只有金錢之神——瑪門[8]，因為這是個邪惡的神祇和糟糕的宗教。

謊言興起

以前可不是這樣的，在美國也不是，美國可說是一個圍繞著追求幸福而建立的社會實驗。然而，將幸福重新定義為賺很多錢、擁有很多則是非常近期才形成的現象。

一百年前的某個短暫階段，美國曾有 90% 人口以務農維生，生活艱辛而單純。大多人民仰賴土地生活，仰賴鄰居以物易物，幾乎用不著貨幣。人們擁有的一切，多半出於需要，而非想要。

時至今日，美國農業人口僅剩 2%。上個世紀，美國經濟徹底重塑，這一切的始作俑者是都市化和工業化這對孿生兄弟。大批工作人口移居都市，投入商品大量生產的行列，並拜兩次世界大戰之賜，造就了艾森豪總統後來所謂的「軍事工業複合體」（Military-Industrial Complex），更在戰亂平息後，因當時的政治掮客必須找到維持工廠經營和人員聘僱的方法，而將坦克工廠改建成衣服製造廠。

我並非陰謀論者，況且這原本就是一個公開的秘密：大戰後，企業大亨、華盛頓背後的政客和紐約廣告狂人，這三方共同密謀並重塑了美國經濟。他們的目的是什麼？說穿了就是創造一個消費主義的經濟體，並隨之形成消費文化，進而促使大量單純的農家子弟，將時間和金錢用來購買組裝

線上剛出爐的新產品。這是美國社會「物化」的開始。

有位華爾街銀行家說過：「我們必須將美國，從需要文化轉變成欲望文化，我們必須訓練民眾，甚至在他們手邊的東西都還沒有用完、用壞之前，就會去渴望新的東西。我們必須形塑新的心態，人的欲望必須超過他的需求。」[9]

這聽起來是不是很像歐威爾式科幻電影中惡魔天才的台詞？並不是，說這話的，正是雷曼兄弟的保羅·馬祖爾（Paul Mazur）。「勞資關係」先驅考德里克（E. S. Cowdrick）稱之為「新經濟中的消費福音」，請留意他的用語「福音」。

可悲的是，這個邪惡的計劃奏效了，不費吹灰之力。一九二七年，一位記者觀察美國的情況說：「我們的民主已然產生變化而成為所謂的消費主義。美國公民對國家而言，最重要的身分不再是公民，而是消費者。」[10]

時間快轉到今天：民眾花錢購買非必需品儼然成為當今「消費者經濟」的構建主軸。想必大家都聽說過，我們目前的居住面積，無論公寓或獨棟，是一九五〇年代的兩倍，然而家庭人口僅及當時的一半。[11]

我這輩子最鮮活的記憶之一是九一一恐攻事件。還記得我是在美西的早晨聽見這則新聞，而那天我幾乎全天處於震驚狀態。但我印象更深的，是布希總統在兩、三週之後發表的全國演說。不知道你還記不記得這位自由世界領袖，當時用了什麼說辭來鼓勵全國人民回到正軌？

大家快去逛街購物！

我的解讀可能有點憤世嫉俗，但是布希演講中對恐怖份子所提出的警告是：「（你們大可）恐嚇我國到人民不購物的地步。」[12] 這聽起來就像是：上帝啊，請祢不要讓九一一這類悲劇攔阻我們去大型購物中心購買一雙新款 Nike。

就連當年是青少年的我，都覺得這話太不可思議。最不正常的是，我們也真的這麼做了。事實顯示，當年我們買太多、借款太多，導致經濟在此後短短幾年內崩盤。（這說法雖過於簡化，但不致於言過其實）我提起這件事，並不是為了貶損總統當年一時失言，而是要將這件事放在更宏觀的文化趨勢中來看待。

在這種文化氛圍中成長的我們，對此自然早已習以為常，再加上所接受的教育使我們自以為理智並擁有自主性，於是輕易忘記大多數的廣告都是洗腦宣傳。廣告播放的對象並非我們的前額葉，而是大腦深層、欠缺邏輯的部位。二次世界大戰之前的廣告不同於今日，當時的廣告只會單純告訴你這個產品為什麼比那個好，廣告上的訊息，說的都是品質、耐用度和必要性。

我們來看看幾則一、兩百年前的廣告：

- 簡單。耐用。速度。字跡清晰。富蘭克林打字機。
- 華納博士的知名寇洛琳緊身衣。唯一以寇洛琳材質製造的緊身衣。保證不起皺、不破裂。

·累了嗎？來杯可口可樂，消除疲勞。[13]

請留意：這些廣告完全沒有提到產品會如何使你快樂，但是戰爭改變了一切。

我們目前所知的廣告，並非起源於麥迪遜大道，而是另一個城市的另一群權力掮客所發起的：位於柏林的納粹。他們採用當時在美國尚且沒沒無聞的奧地利心理學家佛洛伊德的觀點來操控群眾。佛洛伊德是第一位指出，人類並非如我們以為的那般理性和獨立思考的當代思想家，他認為人們基於所謂的「無意識驅力」（unconscious drives），持續做出非理性的決定（無意識驅力的概念，接近新約聖經中的 flesh，肉體）。我們遠比自己所願意承認的，更容易情緒受哄騙、受欲望驅使。

納粹採用佛洛伊德的觀點（這很諷刺，因為佛洛伊德是猶太人）來塑造他們的政治宣傳機制。他們不訴諸理性，而是訴諸德國人的「無意識驅力」。希特勒是煽動人類兩種基本情緒的高手：我想要、我害怕。

戰後，在美國真正率先運用佛洛伊德思想的人是他的外甥愛德華·伯內斯（Edward Bernays）。他在大戰期間擔任情報員，戰後他發現自己亟需一份工作。於是他推論：如果納粹可以在戰時操控人民，那麼企業主和政客自然可以在和平時期操控一般大眾。他將自己的新概念稱為「公共關係」，並成為人們口中的「美國廣告之父」。[14]

從沒聽說過這號人物？大多數人都沒聽過。而他在《宣

傳學》（Propaganda）一書中預測：「對群眾既已形成的習慣和看法進行有意識而明智的操縱，這是民主社會的重要元素。由操控這種隱形社會機制的群體所構成的隱形政府，才是這個國家的真正統治權力。」我們被自己從未聽聞的一群人統治著，他們對塑造我們的思想、塑造我們的品味、暗示我們應該如何思考，大幅支配著我們日常生活中的一舉一動。我們受制於**一小群人，他們拉動著操控大眾思想的繩子**。[15]

回顧這一小段歷史的目的是為了提醒我們：廣告就是政治宣傳。它雖然沒有教唆你殺死猶太人、吉普賽人、LGBTQ 族群，但它是價值數十億美元、刻意設計用來對你說謊的產業。它就是要你相信，唯有買下這個或那個產品，你才會幸福快樂，或至少**快樂一些些**。

廣告為了達成目的而使出渾身解術，讓我們誤將欲望當作需求。我們每天看到的四千則廣告都經過刻意設計，用來點燃我們的滿腹欲望。[16]

早在這一切尚未出現之前，馬克‧吐溫（Mark Twain）就曾經敏銳指出：「文明是毫無必要的必需品，無節制倍增的結果。」[17] 他的話一如既往地一針見血。隨著西方財富和科技的持續成長，許多心理學家指出，我們的幸福感並未同步增長。事實上，研究指出，國家財富升高，幸福感指數反而降低或頂多持平。況且人類具備某種快速適應新常態的心理素質，現在被我們歸類為「必需品」的東西，例如汽車、電話、每日維他命、電力、自來水，都是近期才有的。然而

還是有許多人並未擁有這些東西卻活得非常幸福。

記者格雷戈・伊斯特布魯克（Gregg Easterbrook）在著作《進步的悖論》一書中提出：「人口成長調整後的資料顯示，西方國家目前罹患『單極憂鬱』（即心情持續惡劣卻無特定肇因）人口，為半世紀前相同症狀人數的十倍。美國和歐洲人民擁有的一切更甚以往，唯獨缺少幸福快樂。」[18]

那該怎麼辦？回到在後院挖個洞上廁所的日子？放棄自來水？燒掉提款卡？當然不是。這些做法解決不了問題，因為物品本身不是問題。問題出在（1）人性貪婪，我們對物品的欲望毫無節制（2）我們以為擁有很多才是幸福，但其實生活所需少之又少。

耶穌和聖經新約作者將我們屈指可數的物質需求分成兩大類：吃的、穿的。只要吃飽、穿暖，人就會知足。[19] 耶穌和祂朋友當年居住的範圍屬於溫暖乾燥的地中海區域，對比我所在的寒冷潮濕而半年多雨的美國太平洋西北沿岸，我得增加一項：遮風避雨的地方。然而，即使需求清單已經擴大成「吃飽、穿暖、遮風避雨」，大多數人仍然對此感到不可思議。

假設生活富裕和滿足所需要的物質不外乎一盤食物、一身衣服、一處住所？如果你沒有把握自己能否在這麼簡單的生活中發達茁壯，那麼，你不孤單。宣傳機器的運作如同魔咒，而我們大多數人相信了它的謊言：擁有的金錢財物越多，幸福越多。

這句話跟所有最危險的謊言一樣，半真半假。錢變多，當然開心，但前提是：你原本**很窮**。我很討厭有些理想主義的基督徒（都不是窮人）美化了貧窮，這很不好。協助窮人脫貧雖然可以使他們快樂，但也只能提升到某種程度。

而這個已知的確切數字是：美金七萬五千元。

謊言的真相

普林斯頓大學有兩位卓越學者曾經合作，完成了一項具有里程碑意義的全國性研究計畫。一位是諾貝爾心理學獎得主丹尼爾・卡納曼（Dr. Daniel Kahneman），另一位是備受敬重的經濟學家安格斯・迪頓（Dr. Angus Deaton）。他們在耗時數月，仔細研究四萬五千份蓋洛普調查數據之後得出了這樣的結論：你的整體幸福感的確會隨著收入的增加而提升，但只能提升到某種程度。超過那個程度之後，幸福感若非持平，就是降低。

引用迪頓的原話：「無論你住在哪裡，收入七萬五千美元是主觀幸福感的最高點。超過這個金額，幸福感就不再提升，彷彿撞上某種天花板。就算給你再多錢，你的幸福感也不會再有更多提升。」

而這個金額是全國平均值。以薩拉索塔泉市一名單身大學生為例，他的生活費肯定比住在舊金山的五口之家要少得多。針對卡納曼和迪頓的研究，珍妮弗・羅賓森（Jennifer Robison）的結論是：「美金七萬五千元在大城市的

確不太夠用，昂貴的生活成本當然會讓擁有鉅款的人感到捉襟見肘。」然而，這項研究指出：「即使在物價昂貴的大城市，七萬五千美元仍然是主觀幸福感的上限。」[20]

結論：一旦你過上了西方人定義中的中產階級生活，金錢和物品便無力兌現當初所承諾的幸福快樂。正如石油大亨洛克斐勒（John Rockefeller）被問及金錢多少才算「足夠」時，他膾炙人口的答案是：「再多一點。」往更深一層想，這其中的謊言是：錢（和物品）越多，人越快樂。

真相呢？貧窮階級很艱困，中產階級是恩典。但是再往上？就只適用「效用遞減原則」了。事實上，錢越多，麻煩有可能越多。無論你目前處於哪個社會階層，人生最重要的東西並非「物質」，而是與家人、朋友的關係。最重要的是，跟上帝的關係。

可見這個文化的金錢觀和物質觀有多麼本末倒置。傅士德牧師將我們的文化觀點稱為「精神病觀點」，因為它與現實完全脫節。他的觀察很有智慧：「我們西方人是一項龐大消費經濟實驗中的白老鼠。」[21]

就我來看，人們等待的宣判結果已經出爐。時間已經證明，物質主義對社會心靈正在進行災難性的破壞，大家所相信的謊言正大舉損害我們的情緒健康和靈性生活。某位文化評論員將這種現象稱為「富裕流感」[22]，這類疾病承諾我們可用 49.99 美元換得快樂，殊不知這背後其實有人用繩索在暗中操控我們，偷走了我們的錢，更順手牽走了我們的喜

樂。

這一切都讓我聯想到詩篇三十九篇中的：「一切的操勞都是虛空；他累積財富，卻不知道歸誰享受。」[23]

匆忙的引擎

道瓊指數上升，西方社會的幸福感卻不斷下降，因為物質主義正促使社會步調加快，快到慌不擇路的地步。艾倫·法德林（Alan Fadling）的說法頗有洞見：「對物品的佔有欲是啟動匆忙的引擎。」[24]

你所購入的每件物品，除了金錢成本，還有時間成本。試想：你買下夢寐以求的摩托車，感覺好極了！我很懷念騎摩托車的時光。是啊，好好享受，別玩死了。（譯註：作者幽默套用《Apex 英雄》線上射擊遊戲的對白 Have fun; don't die.）不過，建議你在簽下購買同意書之前務必計算清楚，而且要精打細算，因為擁有一輛摩托車的成本，除了你勉強擠出來的兩百五十美元每月分期付款之外，還有時間成本。首先，你為了分期付款必須加班賺錢。你從早到晚無論做什麼都必須加速。你必須擦亮它、保養它、修理它，當然你還得經常騎它，這些都很花時間。或許你目前的人生階段還有大把時間可揮霍，又或許你斷定騎摩托車這項活動能夠使你心靈重新得力。那挺好，我毫無異議，畢竟我還依稀記得自己孩子沒出生的那個階段。不過，當你分析利弊時，千萬記住：你為了這項體驗所付出的代價，除了白花花的鈔票，還有時間。

時間越少，生活越匆忙。無論你喜歡的是摩托車、運動鞋還是日本動漫，我們大多數人都是因為擁有的物品過多，而無法享受健康從容的生活步調。

記不記得尼克森時代曾有多項預測一致認為，到了我們這個年代，人們將每天上午工作三、四小時，下午去打高爾夫球，因為會有機器人代替我們賺錢。可是現在為什麼不是這樣？部分真相是：我們優先選擇了金錢和物質，放棄了時間和自由。我們為了看電影而選擇買回全新的 4K 投影機，而不是去活出「從容、寧靜、祥和而充滿力量的生活」。[25] 我們並沒有選擇付出金錢換取時間，而是做了相反的事情：花時間去賺錢。所以，我有一個瘋狂想法，要聽嗎？假設耶穌是**對的**呢？我的意思是，如果祂在這方面真的「很在行」呢？

我們忘記，耶穌是有史以來最有智慧的老師。祂的教導不僅極為符合某些道德意義，而且十分美好。而美好真實的生活方式，才是道德的真正意義。

將耶穌的教義視為某種社會制約的專斷法規是一項極為嚴重的錯誤。以車輛限速為例，是誰規定非得是每小時四十五英里不可的？為什麼不是五十五？如果我的新車是特斯拉呢？

現實中，耶穌的道德教導一點也不專斷。它們屬於法則，僅此而已。道德律則跟地心引力 $E = mc^2$ 這類科學定律沒什麼兩樣[26]，它們所**描述的都是這個世界的真實運作方**

式。如果忽略耶穌的教導，那麼你破壞的不僅是你跟上帝之間的關係，還會跟祂所創造的宇宙常態產生抵觸，而這正是「碎片」即將出現的訊號。

耶穌有太多教導都是透過故事來說明這個世界的真實運作方式，尤其在金錢和物質方面。例如，「施比受更為有福。」[27] 請注意：這不是命令，更不是專斷的法規，而是對人生真實情況觀察後，與預期相反的描述。

你無法既事奉上帝又事奉金錢。[28] 再提醒一次，這不是命令。祂並沒說：「你**不應該**既事奉上帝又事奉金錢。」祂說的是，你辦不到，因為生命不在於家道豐厚。[29]

同樣，祂從未命令你：「鞋子不可超過三雙。」祂只是單純陳述了運作最為順暢的生活方式。人生最重要的東西不存在於你的櫥櫃中、車庫內、網路作品集裡。在這些地方，不可能找到「豐盛」。

你看懂祂在做什麼了嗎？祂在教導**真相**。我們是否相信耶穌，那是另外一回事。無論你信不信祂，祂對金錢和物質的看法都符合現實，反倒是我們的看法，與病態心理不謀而合。

現在，我要坦白一件事，我從小到大天天讀聖經。每年到了九月份左右，我的讀經進度就會來到耶穌的教導。據說耶穌的教導中有 25% 左右是關於金錢和物質，而且基本上都不太正面。無論「成功神學」的福音觀點是如何形成的，總之並非出於耶穌。坦白說，我每次讀到祂在金錢和物質方

面的教導都會開始退縮，這些教導聽起來很可怕，因為不外乎禁食和禁慾，彷彿一旦遵循這些教導，生活樂趣就會被它們吸走。

我跟眾多美國同胞一樣，不相信天國的福音。我還不真正信任（那就是還不相信）耶穌這位最大的老師，不認為祂對人生實際狀態具有敏銳的觀察。然而，祂的教導不僅正確，更是**最佳的生活方式**。

後來我接觸到極簡主義（稍後介紹），它很快幫助我從生活中釋放出一股平安喜樂，使我開始對耶穌在金錢方面的教導認真起來。我記得自己那天下午幡然醒悟：耶穌是對的，原來這才是更好、更自由的生活方式。當時，我被這個前所未有的想法震驚。這是真心話，毫無保留。

於是我開始質疑我所屬文化中的一切假設。我採用泰勒・德登（Tyler Durden）的建議：「你要拒絕文明社會中的那些基本假設，尤其關於物質財產的重要性。」（對，這是《鬥陣俱樂部》中的對白）[30]

我開始自問一些問題，有可能招來廣告界秘密警察使我人間蒸發：

- 假設「擁有越多等於越快樂」這條公式是錯的，怎麼辦？

- 假設擁有越多，往往等於壓力越大？包括更多辦公時間、更多負債、待在不合適的職位更多年？浪費更多

時間去清潔、保養、修理、把玩、整理、重新整理、升級那些我並不需要的廢物？

· 假設物品變多，反而等於最重要的東西變少？更少時間、更少財務自由、更少慷慨（耶穌認為真正的喜樂由慷慨而生）、更少平靜（當我匆匆走過購物中心停車場時）、更少關注人生實質意義、更少將心智資源用來創造、更少與人連結、更少生活留白、更少禱告──真切渴望的東西越來越少？

· 假設我拒絕接受這個文化所傳遞的謊言，或半真半假的訊息，並遵循別種信息而生活，也就是另一套福音，那又會如何？

耶穌與「邪惡之眼」

許多牧師曾因過多討論金錢議題而遭受抨擊（許多批評十分合理），但耶穌其實也曾對金錢主題表達過許多看法。讓我們一起仔細閱讀馬太福音第六章中的《登山寶訓》，這是祂在金錢方面最深入的教導。很有趣的是，這段教導大約佔了整場講道的 25%。

首先，耶穌說：「不要為自己積儹財寶在地上；地上有蟲子咬，能銹壞，也有賊挖窟窿來偷。只要積儹財寶在天上；天上沒有蟲子咬，不能銹壞，也沒有賊挖窟窿來偷。因為你的財寶在那裡，你的心也在那裡。」[31]

基本上：不要一股腦將你的時間、體力、金錢，投注

在會變舊、會朽壞、會退流行的事物上，或將汽車停在距離路燈太遠的地方，就會被人拔走的那些配件上。

相反地，要投注在人生最重要的事情上，例如你與上帝的關係和你在祂國度中的生活。因為你把自己的資源放在哪裡，你的心就會在那裡，並成為左右你欲望引擎的方向盤。

祂接著說：「眼睛就是身上的燈。你的眼睛若瞭亮，全身就光明；你的眼睛若昏花，全身就黑暗。你裡頭的光若黑暗了，那黑暗是何等大呢！」[32]

你或許心想：「等一等，視力測驗結果跟金錢有什麼關係？」這其實是西元一世紀的慣用成語，現在已經聽不到這種說法。在耶穌那個時代，如果有人說你眼睛「健康」，這有兩層含義：第一，你生活專注並具有高度意向性（譯註：人的每一個起心動念和行為，都有一致的目的和指向，哲學家將這種特性和現象稱為 intentionality），第二，你慷慨對待貧困的人，因為你看得見這個世界上有人有需要，並盡己所能給予協助。反過來說，如果眼睛「不健康」（欽定本翻譯成眼睛「邪惡」）就會完全相反，你會被世界上一切閃閃發光的東西吸引而分心，導致你對真正重要的事情失去專注，最終對貧困的人不再施予援手。

然後，耶穌下了一個結論：「一個人不能事奉兩個主；不是惡這個，愛那個，就是重這個，輕那個。你們不能又事奉神，又事奉瑪門（瑪門：財利的意思）。」[33]

這裡，仍然是「無法」，不是「不應該」。耶穌認為

這是辦不到的，你不可能同時事奉上帝，又服膺現在這個體系。[34] 你若活在耶穌的自由中，肯定不會被當今過度消費的社會常態捲走。這兩者互不相容，而你必須選擇。

如果你正持觀望態度（我曾多年如此），那麼我要跟你分享耶穌為我帶來改變的關鍵：「*所以我告訴你們，不要為生命憂慮。*」[35] 從耶穌這句話中，你有沒有看出來錢財與憂慮之間的關聯？

關鍵在於「所以」，這個連接詞銜接了三個與金錢、物質有關的簡短教導，以及一個較長並與憂慮有關的教導（請讀完馬太福音第六章以了解完整故事）。我要說的重點是：我們掛心自己崇拜的對象。如果你崇拜的是金錢，金錢會活活吞噬你。

有誰想要這個結果？誰也不想。

現在，我們已準備好：簡樸

那麼，有沒有什麼方法有助於擺脫這類物質主義的長期折磨？耶穌的教導和祂的生活實踐中，有沒有什麼做法，能夠幫助我們擺脫消耗心靈的西方物質主義，在現實人生中活出「運作順暢的生活方式」？

這個引導式問句的答案是：當然有。這個做法稱為簡樸。不過，它還有幾個類似的名稱：

・簡約生活（Simple living）——這個說法好，因為

更清晰一些。

- 節儉（Frugality）——這是僧侶的說法，但由於這個用詞已完全失去正面意涵，所以我不用它。
- 極簡主義（Minimalism）——最近一群部落客和作家宣稱，這是西方富裕社會修正古人做法後的世俗化版本。我喜歡這個用詞。

　　我在這一章會交替使用簡樸和極簡主義這兩個名詞。所以，它到底是什麼？讓我們先說說它不是什麼。首先，這不是一種建築或設計風格，有很多人一聽到「極簡主義」就立刻聯想到現代化居家稜角分明的設計、高檔傢俱、黑白風格、雜誌般的整潔，而且，肯定沒有小孩。如果你有強迫症又有潔癖，還跟我一樣熱愛完美建築，外加偏愛修道院風混搭當代藝術博物館風的奇異品味，那你一定很興奮。

　　但是大多數人不喜歡。不過，好消息是：極簡主義不代表你非得喜歡現代化的設計。你的住處可以是加州的西班牙風、Kinfolk 品牌的樸質優雅風、一九八〇年代投幣遊戲機和星際大戰的混搭風——無論你喜歡什麼風格，都沒有問題。

　　其次，極簡不是貧窮，不是家徒四壁、櫥櫃空空，也不是無法享受物質的無趣人生。恰恰相反，這整件事情的目的是——更多自由。

　　再次強調：許多人一聽到極簡主義，就立刻聯想到賈伯斯的家——空蕩的客廳，寂寞的單椅，孑然佇立的孤燈。

（嘿，再怎麼說，那可是伊姆斯胡桃木手工躺椅，人家很有品味的好嗎？）

極簡主義並非生活中一無所有，而是在更少的物品中過日子。

第三，極簡主義不是整理東西，不是每年春天車庫大出清，也不是第九次撈出衣櫃中所有衣物，然後跑去百貨公司買二十個塑膠整理箱和一把標籤槍。[36]

我很欣賞近藤麻理惠，她所提倡的理念很棒，但是我認為「整理」跟極簡主義是對立的概念。如果你有一大堆東西必須整理、裝箱、貼標籤，然後佔用空間、堆疊存放，那麼，這很有可能是你擁有的東西太多了。（如果你家住在舊金山或紐約的小公寓，那自然另當別論）

假設你只擁有真正需要的東西，而不必整理任何東西，那會是什麼情形？這裡有個觀念值得探索。所以，先讓我們來看看何謂極簡主義或簡樸（或你愛叫它什麼都行），而我發現了幾個頗有幫助的定義。

全職撰寫極簡主義文章的約書亞‧貝克（Joshua Becker）是個跟隨耶穌的人並曾任職牧師，他對極簡主義的定義是：「刻意促成我們最重視的事情，並挪除所有使我們從中分心的一切事物。」[37]

傅士德和馬克‧斯坎德雷特（Mark Scandrette）的定義也很好：「簡樸是選擇將時間、金錢、才能和資產用於

最重要的事物上 [38]，因而透過外在生活而呈現出來的一種內在現實。」[39]

請注意極簡主義不僅跟你的金錢、物質有關，也跟你的整體生活有關，正如梭羅住進森林體驗簡約生活多年之後的喜悅心得一般：「簡化、簡化、簡化！投入的事情，保持在兩三件就好，不是成百上千件。何必活得那麼匆忙和浪費人生？」[40]

看出他用什麼來串連簡化和匆忙之間的關係了嗎？**感知**。用這種方式生活，我們必須縮減一切資源，包括時間和金錢。正如日內瓦主教聖弗朗西斯·德·賽勒斯（Saint Francis de Sales）所說：「喜歡所有事物中，簡單的那一面。」[41] 所有事物，說得真好。

簡樸的目的，不僅要清除你櫥櫃或車庫中的雜亂，還要清除你人生中的雜亂：清除無數增添焦慮並分散我們注意力的東西；清除供應不絕而麻木心智的串流媒體訊息；清除使我們對真正重要事物逐漸無感的內容。

以下引用與雜物有關的幾句話來提供更多定義：清除「對我人生不具附加價值的一切事物」[42]；清除「任何無法使你怦然心動的事物」[43]；清除「過多物品的狹小空間中，再也用不到和不再喜歡的東西，以及任何帶來雜亂和失序感的事物」。[44]

這是一個具有高度意向性的目標，使我們圍繞著最為重要的事物而生活。對我們這些耶穌的學徒來說，耶穌和祂

的國度是我們的生活軸心。或許你會帶著些許憤世嫉俗的心情認為：「這只適合有錢人吧？」

是啊，沒錯，窮人口中沒有所謂簡約生活，因為那就是他們的生活。他們不讀極簡主義方面的書籍，他們禱告祈求正義。

如果你正在閱讀這本書，你很有可能不是窮人。老話一句，罪惡感是不必要的，對比只是為了便於說明。如果你的年收入高於兩萬五千元美金，你是全世界前 10% 的有錢人。如果你每年收入高於三萬四千美元，你是全世界前 1%的有錢人。[45]

聽聽使徒保羅如何吩咐以弗所的有錢人：「要勸誡那些今世富足的人不要高傲，也不要冀望靠不住的錢財。要勸他們多多行善、慷慨施捨、樂意助人。這樣，他們就是在為自己的將來奠定美好的基礎，以便持守真正的生命。」[46]

保羅用這段話重申了耶穌在馬太福音第六章的教導。有沒有發現，他跟耶穌所表達的意思是一樣的：簡樸其實是我們掌握「真正生命」的方式。這句經文我讀了很多年，卻總以為它說的是別人。

我認識幾戶有錢人家，我以為這句經文是他們的寫照而與我無關。我成長於中產階級家庭，我們家有一棟房，這很值得感恩，但我們假期向來只去露營或待在祖父母家的小屋。我從未穿過名牌衣服，上小學的時候，我因為鞋子太醜被人無情恥笑。我們很少出外用餐，所以我從來不認為自己

有錢。

更糟糕的是，我在成長過程中從未聽聞全球貧困議題，也不曾接觸本土其他人群的生活方式，尤其是有色人種。就算我不是有錢人（後來才知道我是），我仍然難辭其咎。耶穌關於金錢的教導，大多並非針對有錢人，事實上，來聽祂講道的人大多數是窮人。

想像一下，簡樸完全是基於耶穌生活的實踐嗎？所以，打破神話的時候到了！耶穌並不像許多人說的那麼貧窮。祂在成為拉比之前是個生意人，收入足以維生。祂開始全職教學之後，便獲得一群有錢人的捐款贊助（上流社會女性為主），並為祂支付伙食費和旅費[47]，祂甚至需要其中一位門徒幫祂管理預算（雖然這人結局不太好）。祂跟富人和窮人都做朋友。不過，祂在一位有錢朋友家中吃喝的故事也不少，這樣的故事多到福音書作者坦承耶穌曾經被指控為「貪吃的酒鬼」。[48] 羅馬士兵在十字架旁抽籤決定誰能獲得祂的衣服，這代表祂的衣服還算值錢。約翰甚至寫道：「這件裡衣原來沒有縫兒，是上下一片織成的。」[49]

從耶穌的生活和教導中，我們發現有一種雙向拉力貫穿著全本聖經：首先，世界和其中一切美好事物，全都是為供人享受並分享給有需要的人而存在。但另一方面，財富過多有風險，因為會導致人心遠離上帝。這種情形一旦發生，我們貪婪而失衡的心就會破壞自己或他人的生活和幸福，並擴大貧富差距、損害地球。

我們發現耶穌在這種拉力中愉快生活，祂前一刻正在朋友家享用美食，下一刻就針對金錢會如何影響人心而發出警示。平心而論，在這種拉力中，耶穌顯然更偏向極簡主義而非物質主義，這一點毫無疑問。如同傅士德所說：「對財產一無掛慮」是「生活在天國的記號」。[50]而耶穌將這種「一無掛慮」展現得淋漓盡致。

跟隨耶穌，尤其是在西方世界跟隨祂，我們所面對的拉力就跟耶穌當年一樣，一邊是「幸福感恩享受精緻美好事物」，另一邊是「簡樸」。每當心存疑惑時，就算擔心選錯，也要選擇慷慨而簡約的生活。

實際練習

所以，你準備好開始付諸行動了嗎？

我最欣賞耶穌總是運用具有創意的小練習作為教導總結，讓大家可以將上帝國度令人神往的概念實際活出來。[51]所以，我們也要如法炮製一番。首先，我會提示幾個原則，而每個原則本身就是一項練習。請注意，這些都是原則，不是規定，目的在於獲得更多自由，並非設定更多規矩。現在來看看我的排行榜前十二名。

1. 買東西之前，先問問自己，它的真實成本是多少？

回到摩托車的例子：評估一下，為了清洗、修理、保養、保險、貸款……你得付出多少代價？擁有成本遠超過標價。你真負擔得起？擁有它，會耗用我多少時間？我多久用

它一次？是否為我的生活帶來附加價值、有助於我更加享受上帝和靈性生活？還是僅僅轉移了我對真正重要事物的注意力？最後，衡量匆忙程度。這對我的生活步調有什麼影響？促使它加快？還是放慢？

2. 購買前先問問自己，買下這個是否會間接壓榨窮人或傷害地球？

我們都知道美國人的消費程度不斷為地球帶來重大危害。科學家認為，要讓地球上每個人的生態足跡（ecological footprint，意即某人或物所佔用的地球資源量，又稱生態佔用）趕上一般美國人，約莫需要五個地球。[52] 好比說常見的聚酯纖維：現在的衣料中，居然有 50% 是這種不可生物分解的成分。那件運動裝很帥？它可能會一直存留在垃圾掩埋場中——永遠存留。

我們當中有人很關心環境議題，也有人不那麼在意，沒關係，但地球不是我們過度消費的唯一受害對象。幾年前，我在得知全球化的陰暗面之後深感震驚和不安。我以前不知道自己居然有這麼多家用品和生活用品中，都是在不公平的製造條件下生產的，有些甚至是由販賣人口和兒童勞工所製造的。

以服飾業為例，這個產業自從廣告狂人時代以來就產生急遽變化。一九六〇年代，95% 的服裝由美國本土製造，每人每年服裝支出佔平均預算的 10%，而且擁有的件數並不多。

目前，僅有 2% 服飾由美國本土製造，我們的服裝支出也僅佔生活年預算的 4% 左右——相對降幅是五成。我們的衣服怎麼會這麼便宜？這個嘛，跨國公司開始在越南和孟加拉這類國家生產服飾，當地政府普遍腐敗，官方幾乎並未採取任何措施防止勞工受害。最低工資、醫療保健和工會之類的東西對他們來說都很陌生。工人每週工作將近六到七天，廠房環境悶熱而不安全，甚至毫無保護措施。[53]

　　而我們這裡說到的是**好大一群人**。全世界每六個人當中就有一個人在服飾製造業工作，總人數則接近十五億。對於關心女權主義的人來說，其中大約有 80% 是女性，而這當中收入水準符合維生工資（living wage）的勞工佔比，居然還不到 2%。

　　難怪我們買到了便宜貨，會說那是「偷來的」便宜貨，這形容可真貼切。的確是竊盜而來，但我們不是俠盜羅賓漢，劫富濟貧的對象也不是我們常常在罵的無良鉅富執行長，反倒很可能是緬甸一名勉強養家餬口的單身母親。

　　這個年頭要在 IG 上發布關於「全球兩千八百萬名奴隸，＃我們必須終結它」的貼文是舉手之勞。這做法很好，我真心完全贊同，但我們自拍時所穿的許多衣物、拍攝時所用的設備（由中國的偏遠地區製造），全都是在製造問題，而不是解決問題。

　　我很想讓自己相信奴隸制度已經成為過去，但請問現在大多數的非裔美國奴隸在做什麼？答案是種植棉花，供應

服飾製造。

3. 切勿衝動購買

我們看到一雙「非有不可」的新鞋而衝動購買的花費累積多得驚人。

雖然我們已經擁有十雙鞋子。

雖然沒有可以搭配的服裝。

雖然它們是在不公平條件下，用聚酯製成，而且會在垃圾掩埋場中永久存留。這樣的例子不勝枚舉。

但同樣令人驚訝的是，當我練習自我控制、不再買東西之後，欲望往往很快消退。所以，以後看到想要的東西，不妨運用這個小規則：稍微等一等。東西越貴，你就應當等越久。考慮、再考慮，讓你的理性思維趕上你不理性的肉體（flesh，前面說過是潛意識）。禱告一下。要記得，上帝並不反對擁有物質，祂創造這麼美好的世界，就是要讓你享受。

但是如果這項購物沒了祂的祝福，你還會想要把這個東西留在生活中嗎？你會很驚訝的發現，不買東西的感覺有多好。

4. 買東西時，重質不重量

我們往往為了省錢，到頭來買入一堆便宜貨（而且往往出於不公平製造），而不是暫時忍住缺乏，再買下優質耐

用的產品。「只買一次」是值得遵守的座右銘。如果你買不起高端版本，不妨考慮二手貨，這兩種方式都會幫你省錢。依照耶穌所說，我們的錢其實都是上帝的錢，而我們只是祂的財務經理。由此可見，這個做法很妥當。

不過，在你出門採買高品質物品之前，一定要問問自己，我真的需要這個東西嗎？英國設計師威廉·莫里斯（William Morris）提出一個很好的經驗法則：「不要在你家裡放置任何用途不明和不認為或不確定是否美觀的東西。」[54]

要記住，世界一直追問：「我如何獲得更多？」但我們發現耶穌的跟隨者經常問的問題是：「如何活得更精簡？」

5. 能分享的時候，要分享

共享經濟雖有缺點，但非常適用於簡約生活。例如線上叫車、共享汽車等應用程式，可以讓你不必擁有汽車就能在城市內暢行無阻。而 VRBO 等度假租賃網站，可以讓你不必擁有海濱別墅就能輕鬆享受海灘。社區生活更是如此，我跟鄰居共用各種東西，為什麼要買動力清洗機？麥特家就有啦。

正如早期教會某位牧師所說：「我們共用一切，除了妻子。」[55]

6. 養成將東西送人的習慣

要記住耶穌在現實生活方面的教導：「施比受更為有

福。」穿新衣的感覺當然很好，但是幫助孩子脫貧或朋友度過難關，才是賦予生命力量的大事。想要生活更幸福？去付出，慷慨給、經常給。

剛開始接觸到極簡主義時，我最喜歡的部分就是將自己不需要的東西送給真正用得到的人。我們家從那時開始，就制定了「祝福真好玩」的每月預算。金額雖然不多，但足夠提醒我們時時留意周圍的人的需要，而扮演神秘聖誕老人也使我們獲得許多樂趣。

東西買越少，越有餘錢分給人，生活也會越有幸福感。

7. 依照預算過日子

我列出這條規則似乎有點奇怪，但主要是因為我很驚訝，有很多人其實不做預算。預算不只是為了避免負債，雖然這一點很重要。金錢需要預算，正如時間需要排程。這是確保你的「寶藏」用於正途而不被浪費的好方法。

有太多優質資源可供你製作符合耶穌風格的預算，但關鍵是，你要真正動手去做。[56] 所以，如果你願意開始行動，我建議你跟社區夥伴或好友互相分享預算。例如因動力清洗機而赫赫有名的麥特跟我，每年定期一同規劃明年預算。他看我的，我看他的，我們可以隨時提醒對方的花錢習慣。我們也設定規則，如果想要購買超過一千塊錢的東西，必須先獲得對方批准。

有趣的是，打從設定這條規則開始，我一次都沒有用

到。

8. 學會享受事物而不必擁有它們

我們的文化有一個怪癖，認為我們必須擁有某個東西才能夠享受它，我認為才不是這樣。我真心享受我家附近的公園，我愛極了當地圖書館，也喜歡從那裡借書。我很喜歡位於十二街的「心咖啡」，總是花兩塊錢入場費，去那個以星空為設計主題的空間喝一杯瓜地馬拉洛斯馬莊園咖啡。這些東西，沒有一樣是我的，但是我享受它們。你也可以。

9. 培養對大自然的欣賞和感恩

說到享受免費的東西，你最近可曾踏出戶外？我上次確認過了，氧氣仍然免費，而開車前往州立公園的路途一點也不遠。神所創造的大自然，尤其是文明尚未觸及的地方，擁有其他事物鮮少能有的潛力，能夠喚醒我們與造物主的連結，使我們的感恩甦醒，使我們讚嘆創造的獨特與神奇。物質主義消磨我們的靈性，但物質世界本身卻具備完全相反的作用——恢復我們的靈性。

10. 培養深深欣賞小確幸的能力

我年紀越大，越享受簡單的事物——清晨來杯茶或咖啡、在家做飯用餐、夏天踩著自行車上班，這些體驗通常花費極低，卻換來極高的幸福紅利。每一趟傍晚散步、每一次欣賞日出、每一回與老友優質對話，這些都是通往感恩喜樂、有上帝同在並享受心靈世界的大門。

這種生活態度與收入關聯不大，卻跟我們與時間的關係，以及我們對上帝和祂所造美好世界的關注程度頗有關聯。傳道書作者在他財富鼎盛的時期說道：「一個人能夠從自己的辛勞中獲取飲食並找到滿足，沒有什麼比這個更好的了。」[57]

一切都在於簡單的小事，同意嗎？

11. 認清廣告的真面目。廣告就是政治宣傳，快快戳破它的謊言

我最喜歡貴格會教友以下這個頗具挑釁的說法：「拒絕接受那夥摩登玩意託管人的宣傳。」[58]這一條規則其實很好玩，這是極少數我覺得自己口說諷刺話語，卻還滿有耶穌風格的一件事。我喜歡把這個變成我跟孩子之間的遊戲，我們一看到廣告就停下來，大聲揭穿其中謊言。

「看到那個 Volvo 新車廣告了沒？就是在挪威峽灣開車的那對模特兒夫婦？太誇張了啦！買了那款車，就會變得跟他們一樣好看喔？拜託！真相是……」嗯，帶孩子，樂趣多多。

12. 來一次反物質主義的歡快革命

據說聖弗朗西斯（Saint Francis）和追隨他的一群人「領導了一場反物質主義的歡快革命」。[59]他們認為宣揚耶穌在簡樸方面的信息，等同於宣揚祂在喜樂方面的信息。你不必為此感到不滿，也不必為你的襪子太多而緊張。微笑、

放輕鬆，讓喜樂成為你的戰鬥武器。

我們經常聽到「少而精就好」，但如果，越少才是越好呢？這是我們的文化迫切需要聽到的信息。我認為，革命的時候到了，有誰要加入？

著手簡化

衣櫃，是你著手簡化的最佳起點。即使你是一個窮到吃土的大學生（這說法挺諷刺），你很可能還是有個衣櫃，而我們大多數人則是衣服太多。

我第一次檢視衣櫃時，決定將每季衣物限定為六套。週一到週六，一天一套，留下週日作為自行選擇的冒險日。我老老實實在衣櫃內側的門板上，貼了一張穿衣服的排程表！如果你週一遇見我，就會發現我身上穿的是灰色運動衫配黑色牛仔褲。一年後，我再度如法炮製。這一回，我發現天天更換衣服款式有些荒謬，再加上當時我已得知時尚製造業的不公義，這讓我對購買新衣十分反感。

所以我決定將數量全面減半，改為每季三套。現在我每週一、三、五會穿那件灰色運動衫，我很喜歡這個做法。最近，我將夏季服裝縮減成兩套，隔天輪替，這感覺真好。我很愛這兩套衣服，因為它們的製程合乎倫理、材質環保。記憶所及，這是我的服裝預算首次出現結餘，而且不必花掉，也沒有花用的欲望。

我感到自由。

好，先容許我暫時假設大多數人都在居家環境中擺放了太多東西，雖然我知道有些人並非如此。

接下來的重點是：從你最有發揮空間的部分開始。如果那是你收藏了二十雙鞋的鞋櫃，很好，從那裡下手。如果那是你一九八○年代的 G.I. Joe 特種兵玩偶收藏，從那裡開始。如果你迷戀的是咖啡杯，你明白自己該做什麼。

請記住：追隨耶穌時，我們應當反覆自問的不是「耶穌會做什麼？」，而是更有助益的問法：**如果耶穌是我，祂會怎麼做？**如果祂具備我的性別、職業、收入、關係狀況？如果祂跟我同年出生、住在同一城市，那會是什麼情形？

跟隨耶穌，就要在你活著的每一刻，不斷自問這個問題。

滿足的代價

最後，讓我們公平一點：簡樸並不是解決現代世界匆忙問題的「最終」答案（人生沒有特效藥，記得吧？）。但這畢竟是某種答案，而且做法簡單，就是丟掉你不要的廢物。但這個答案並非毫無代價，矛盾的是，你必須付出代價。

魏樂德敏銳指出，成為耶穌門徒的代價很高，但是不成為祂門徒的代價更高。[60] 是的，跟隨耶穌並遵循祂簡樸的生活方式是有代價的，但如果你不跟隨，就得付出更大的代價：更多金錢和時間、生活中的正義、清潔的良心、禱告的時間、內在的從容，最重要的是「真正的人生」。

最近，我一直在思考使徒保羅在腓立比書中的這句話：
「靠著那加給我力量的（耶穌），凡事都能做。」[61] 我經常聽到有人斷章取義使用這句話。有人用這句話為教會募款，或當作升遷、抗癌、養家時的自我鼓勵。這些都是好事，但是你知道保羅當初寫下這整段話，他真正要表達的重點是什麼嗎？

知足。

這句話的上一句是：「我知道怎樣處卑賤，也知道怎樣處豐富；或飽足，或飢餓；或有餘，或缺乏，隨事隨在，我都得了祕訣。」[62] 根據上下文，保羅討論的並不是如何克服人生中彷彿巨人哥利亞般的龐大挑戰，他討論的是人類靈魂的最大敵人：不滿足，也就是廣告之父伯內斯出現之後，你我心中總是想要更多的那種擾人感受。不僅對物品，對人生也產生更多渴望。於是你所渴望的，或許不再是物品，而是與畢業、婚姻、子女、工作、退休或任何與未來有關的「事物」。

然而，有些東西偏偏就是得不到。我們活在歷史學家亞瑟・斯勒辛格（Arthur Schlesinger）所謂的「無法撲滅的不滿足」當中[63]，這與〈傳道書〉詩人作者所描述的「如同捕風」不謀而合。[64]

知足不同於某些佛系概念中的否定一切欲望，知足是當你一旦活在其中，尚未獲得滿足的欲望就再也無力攔阻你的喜樂。我們都活在未能實現的渴望中。人的一生充滿了許

多「未完成的交響曲」，但這不代表我們無法活出幸福。

真相是，你可以幸福快樂，而且就在此時此刻。藉著「那加給我力量的耶穌」，並投入全部資源「與耶穌保持關係連結」，你就可以活出富足和滿意的人生——無論你有錢或沒錢、單身或已婚、不孕或排行第四的子女即將離家獨立、在夢寐以求的工作中績效卓著或賺取底薪。現在的你，已經擁有快樂和知足人生所需要的一切。答案就是這條途徑：靠近天父並得以得著祂的慈愛。

可曾有誰料想到，這個「軛」竟然如此輕省？

Slowing

放慢步調

有句話我憋了好久——我喜歡規則。

為什麼人們這麼不認同規則？規則曾經為他們帶來什麼傷害？難道最近冒出了哪個竊盜統治（kleptocracy，政治學名詞，利用政治權力和秘密手段，將全體人民財產竊為己有）的帝國主義政權，是我沒注意到的？

規則讓我心安。我知道規則後，呼吸比較順暢。你八成翻了個白眼，心想：「夠了你。」

論斷者終究會論斷，而我在 MBTI 人格類型中就是個論斷型的大 J（譯註：MBTI 的「生活方式和處事態度」指標以「判斷－感知」（Judging－Perceiving）作為迥異傾向的兩端。人的傾向猶如光譜，越傾向於判斷（J）的人，越偏好主動做決定、做計劃；越傾向於感知或理解（P）的人，越喜歡看情況做決定、隨興之所致採取行動），所以我喜歡凡事有計劃。我會為了假日，乖乖坐下來排定每小時計劃。你大可盡情嘲笑我，但我的假日通常過得很好。

我年齡成熟，但願智慧也成熟到足以認識自己的人格

特質並自我解嘲，足以採用適合自己的生活方式，足以不論斷不同人格類型的人，也不論斷處於不同人生階段的反律法主義友人（antinomian，即道德廢棄主義的基督教神學觀點）。因為我留意到，反抗規則的人，往往反抗時程安排，反抗時程安排的人，往往對人生採取**被動反應，而非前瞻主動的態度**。他們更像乘客而非駕駛，更像消費者而非創造者。他們等待生活臨到，而不是創造人生。[1]

還是那句老話：如果我們的時程安排與價值觀一致，內心就會獲得平靜。換成耶穌學徒的說法就是，如果我們所重視的是生活中有耶穌同在，以及個人在愛心、喜樂、平安方面的成熟度有所增長；那麼，構成我們實質生活的每週、每日排程和實際行為，都是我們達成內心平靜的途徑。

各位「反抗規則的 MBTI-P 型人」，在你退縮並將這本書摔到房間對面的牆上之前，請想一想：有規則的生活，說不定其實很有趣？

自我成長類型書籍中出現一種叫做「遊戲化」的新概念，基本上就是將你的個人成長變成許多小遊戲。我滿喜歡最近一本暢銷書的副標題「生活遊戲化的力量」[2]，這給了我一個新目標。

所以，現在愛玩遊戲的人就是我啦。我總是不停尋找可玩的小遊戲，包括有趣、有創意、有彈性的「規則」，藉此使我匆忙點擊螢幕的生活節奏得以整體降速。

我腦子裡不斷冒出許多跟規則有關的點子，所以我乖

乖坐下來，寫成這一章。其中某些規則還算滿有深度，但大多數都稀奇古怪。你不妨挑選幾條出來試試，覺得有趣就拿去用，覺得沒意思就翻個白眼別理它。

不過，在我們開始聊這些遊戲化規則之前，你或許心想：「等一下，這些都是哪裡來的屬靈紀律？」其實，這些都不太算是屬靈紀律。不過這不是重點，何況有些挺有智慧的，畢竟耶穌生活在西元一世紀的村莊，不是二十一世紀的都市。祂不開車、不發簡訊，也不可能半夜跑去 Taco Bell（美式墨西哥速食連鎖店）買吃的。

所以我接下來要跟大家分享的，是我個人在都市努力生活、扶養家庭、擁有智慧型手機和 Wi-Fi 等諸如此類的現代生活條件環繞下，所形成的一些務實做法。因為活在現代世界的人，或許會需要有別於往日的屬靈紀律，用來對抗未來主義學者大衛‧扎克（David Zach) 所謂的「在亢奮生活中，掠過人生表面」的生活習慣。[3]

所以，雖然你在任何標準的屬靈紀律清單中都找不到以下規則，但你以後肯定會發現有越來越多人，為了幫助大家對抗亢奮生活的新常態而教導這些規則。

奧伯格和傅士德這兩位牧師不約而同將這種屬靈紀律稱為「放慢」。[4]奧伯格的定義是：「刻意選擇將自己放在只能等待的位置上，去培養耐性。」[5]這個做法背後的基本想法是：放慢身體、放慢生活。

我們是有形體的生物，所有的人都是。思想是通往全

人的門戶，因此，思想方式對我們體驗上帝同在的生活會形成多方影響。然而，思想並不是唯一的門戶。

以禁食為例，目前實施禁食的西方人寥寥可數，但禁食曾經是耶穌生活方式中的核心實踐，只是後人棄置不用[6]，因為我們看不懂到底操練胃部跟改變人生有什麼關聯。我們太過習慣於接受書本、Podcast、大學和教會的教導而經常忘記：人，不只是一個具有行走能力的大腦，而是一個複雜、具有整體性和統整性的全人，並充滿各種令人目不暇給的能量。所以，我們跟隨耶穌當學徒也必須全人投入，從思想到身體。

如果我們能夠放慢思考，並同時放慢身體在環境中的移動速度，或許，靈魂就可以因此放慢到「品嚐並體會到上帝美好」的步調[7]，而這樣的步調，在有祂同在的世界也是美好的。我這裡有二十種妙招，有助於放慢你的整體生活步調。沒錯，二十種。我提醒過你，我喜歡規則。

讓我們先從大多數人天天都在做的事情開始：開車。即使你跟我同樣是依賴雙腿或自行車的都會族，你仍然避免不了定期開車。我雖然住在市中心，每週還是會固定開車出門兩三次。這裡有幾個小訣竅，讓你可以遊戲般地駛入放慢的屬靈紀律中。

1. 遵守駕駛限速

這可是個革命性的想法，以前從未有任何作者提出！如果速限路標寫著時速二十五英里，就以每小時二十五英里

的速度駕駛，不是三十三。（你認為我多出這丁點速度，能逃離什麼嗎？）

請注意：不要**低於**速限——真的很討厭。所有的人都會討厭你，照著路標做就對了。我有時候做這類蠢事，只是為了讓大腦擺脫對快速生活步調的多巴胺上癮和即時滿足。反正，規則怎麼說，你就怎麼做。

2. 進入慢車道

假裝自己坐在慢速駕駛的老車「傲視莫比」中（Olds-mobile，品牌名稱和形象均屬超高齡，被戲稱為老人車），或為了偷渡而躲藏在沃爾瑪的慢速巨型拖車中。定下心來，感受輪胎，感受路面，看看窗外的風景。利用這個機會練習活在此時此刻——與上帝、世界、還有你自己的靈魂同在。

你稍加思索便能明白，開車其實很適合禱告，我早晨開車時曾多次體驗最棒的禱告。我說過，我平日仰賴自行車在市區暢行無阻，但每隔一兩週就有一天清晨必須開車橫越市區接受心理治療。我很討厭開車（這是我愛都市生活的原因之一），但我每天都很期待要開車的那一天，因為我知道自己很享受耶穌的同在。

3. 在停車號誌前，完全停下

這可是加州人天天聽到的廢話，下次你試著照做時，不妨留意一下這有多困難。原因或許因為我是加州人？因為我覺得自己的移動速度不夠快？還是我覺得自己有什麼地方

不夠好？匆忙的表面下，那顆紊亂的心恐怕才是無法完全停下的真正原因。

4. 不要一邊開車，一邊發簡訊

其實不必我多說，這本來就是每年導致數千人身亡的**違規行為**。匆忙，真的會要人命。雖然大家都知道開車發簡訊不僅違規而且事關性命，但由於我們對多巴胺注射器（也就是手機）過度依賴，根本沒辦法安心坐在車廂裡聽音樂、聽新聞、禱告、跟乘客說話。我們因為**必須**拿到手機而罔顧自己和他人生命。

還記得人們只懂得「開車」的一九五〇年代嗎？好吧，我是一九八〇年出生的，所以我對這並沒任何印象。不過，你大概知道我在說什麼。想像這個畫面（提醒：具有性別刻板印象）：男人戴著駕駛手套，女人包著彩色頭巾。重點是，恢復「專心開車」這件事。

5. 提前十分鐘抵達約定地點，關掉手機

這整整十分鐘的悠閒，你可以做什麼？模仿一九九〇年代末的人在咖啡桌上看雜誌？跟鄰座同樣在等人的人聊聊天？或閱讀一本書？還有：不妨禱告。

6. 在大賣場，選擇最長的隊伍去結帳

聽到這句，你們一定恨透我了！在這個對效率有強迫傾向的文化中，我們為什麼要做這種事？這根本就是故意浪費時間。

我之所以這麼做（有時候，不是每一次），主要是因為這個方式有助於我放慢生活並處理靈魂中的匆忙。它提供我幾分鐘時間，擺脫我對匆忙的上癮、去禱告、去收拾情緒和整理心靈，並在輪到我結帳的時候，使我能夠透過幾句寒暄、詢問和感謝，將天父的愛傳遞給收銀員。（而不是一邊結帳，一邊忙著發送工作簡訊或用耳機聽 Podcast，將可憐的收銀員當作自動存款機，忽略了對方也是有靈魂的活人）

但我還有更為深層的動機：經常拒絕自己的渴望，是一種大有智慧的行為，無論是透過較具強度的禁食練習，或選擇較長隊伍結帳的溫和做法。如此，日後萬一遇到他人不肯滿足我們的渴望，我們就不會對人怒氣相向，因為我們已經適應：快樂不必凡事順心。這對大多數人來說，自然需要一段時間，所以，就從小地方開始吧：三號收銀台人最多，就去那裡結帳！

7. 將你的智慧手機，變成傻瓜手機

幾年前，傑克・克納普（Jake Knapp）的文章《沒有 iPhone 讓我分心的一年（以及如何開始親身實驗）》在網路上瘋傳一時，而我們好多人都加入了這項社會運動。[8] 好吧，根本沒有什麼社會運動，這只是朋友買許跟我的兩人行動，不過我們很投入。從此以後，「傻瓜手機」便成了我們的口頭禪。

我們沒有正式的檢核清單，但會建議你：

・刪除手機中的電子郵件程式。

- 刪除手機中一切社群媒體並轉移到家用電腦使用，而且要排定每天或最好每週的查看時間。

- 暫停網路瀏覽器功能。我個人在這方面比較寬鬆，因為我本來就不喜歡在手機上看網頁，只有在別人發送連結給我的時候才看。但網頁瀏覽正是智慧手機和傻瓜手機的關鍵差異之一。

- 刪除一切通知，包括文字通知。我做的手機設定，迫使我必須（1）先解鎖（2）再點選文字簡訊圖示（3）才能夠看到簡訊。這個做法，改變了遊戲規則。

- 放棄新聞應用程式，或最起碼廢棄新聞通知。這些都是嚴重干擾。

- 刪除每一個你用不到或無法大幅提升生活便利的應用程式，保留一切奇妙而可以大幅提升生活便利的應用程式——地圖、計算機、阿拉斯加航空等。克納普將它們集中至同一圖示，並標註它們為「未來」。

- 將上述應用程式分別收納到幾個清單中，保持螢幕主畫面乾淨清爽。

- 最後，將手機設置為灰階模式。這跟神經生物學有關，可惜我不夠聰明說不清楚，總之跟降低多巴胺上癮有關。你 Google 一下吧。

如果你現在心想，那你乾脆買一隻掀蓋式手機算了？我同意。所以……

8. 去買一隻掀蓋式手機或乾脆扔掉智慧型手機

如果你是有錢的後嬉皮士（post-hipsters），不妨買一支 Punkt 或 Light Phone II 反智慧型手機。至於我們其他人就乾脆去附近的門市逛逛，你會驚訝發現許多機殼背面沒有水果烙印的好貨。

9. 扮演手機的家長：睡覺前，先讓手機睡覺

譚咪和我的手機會跟孩子們同一時間「去睡覺」：很準時，晚上八點半。我們乖乖將它們調成飛行模式，然後放進廚房抽屜。只要不這麼做，我們就會把時間浪費在消耗腦力的手機螢幕上，而不是睡前放鬆閱讀助眠，或你知道的，夫妻之間的事情。

10. 保持手機關機，直到早晨靈修完畢

統計數據很不妙：75% 的人，睡覺時身邊放手機；90% 的人，一早醒來立刻看手機。[9] 我想不出來，用來展開一天的方式當中，還有什麼比一睜開眼睛就立刻看手機更糟糕的事情：收一下工作簡訊、看一眼電子郵件、快速的（你確定？）看一下社群媒體和令人憤怒的當日新聞。這是一劑用來醞釀憤怒、製造痛苦的配方，愛和喜樂不會由此而生，也肯定不會帶來平靜。

聽好了：不要容許你的手機設定你的情緒平衡，也不要容許你的新聞動態設定你的世界觀。

你正面臨被焦慮和既得利益群體影響的風險。別忘了，「新聞自由」是一個神話。沒錯，媒體並不受華盛頓特區監

管，我同意，但它們仍然受到某些關鍵因素所限制。朋友們，無論某位記者的言論聽起來有多麼左派，新聞產業本以盈利為目的，它終究是資本主義產業。根據神經生物學和神學論點，事實的真相是：**壞消息才會大賣**。而名人負面八卦，也就是那些誘人點擊的標題（也就是那些無意義的瑣事）甚至賣得更好。

因此，我們的晨間新聞並沒有準確呈現這個世界的樣貌。它經過「策劃、篩選、揉合」，不僅挾帶世俗的社會政治目的（包括左右兩派），更帶著「邪惡」的眼光看待世界上每一件事：因為他們看的幾乎都是不好的一面。原因是，壞消息才是搖錢樹。請別誤會，我沒有讓你們忽略世界上的不公允，或假裝視而不見。

我說的是，讓**禱告**來設定你的情緒均衡（emotional equilibrium），讓**聖經話語**來設定你的世界觀。以充滿上帝同在和祂話語真理的心靈狀態，做為出發的起點來展開你的一天。

我在澳洲墨爾本瑞德教會的朋友們常說：「要勝過這一天。」意思是，每天起床第一件事是將手機放到家裡距離你最遠的地方，連一眼都別看，直到你花時間跟上帝相處完畢。

我強烈建議你採用這個做法，它同樣改變了我的遊戲規則，更幫助我順利保持了事情的優先順序。更重要的是，它幫助我天天從愛、喜樂、平安的狀態中出發，避免我陷入

世界的匆忙、焦慮和憤怒中。

此外，這些都跟律法主義無關。這些小小的做法，都只是我為自己設定的生活護欄，讓我的日常軌跡保持在左右兩條邊界內，並順利走在通往生命的道路上。

11. 排程處理電子郵件

不是只有我這樣建議，幾乎每位自我成長書籍作者、時間管理大師、工作效率專家，或意見領袖型的部落客，全都提供過相同的建議。

手機上不要有電子郵件。搭電梯的空檔或開會無聊時，不要拿出來偷看。不要從早到晚看到一封就隨手回一封，相反的，要設定一段時間專門處理電子郵件，並長期堅持這個做法。

我很享受每週只處理一次電子郵件，我固定每週一上午十點打開收件箱，一直到我處理完畢所有信件才停工。至於接下來幾天，我使用自動回覆功能，單純告知對方：我下週一會回覆您。

這個方法有一些缺點，但對我來說，利大於弊。對大多數人來說，這個做法相當不切實際。我懂，所以只要搞清楚什麼做法適合你就行。大多數專家建議：查閱電子郵件，一天不要超過兩次，而且最好在每天工作開始和即將結束的時段，例如上午九點和下午四點。而每次查閱，最好可以將收件匣處理乾淨，屬於待辦任務的郵件不要留在收件匣內，

要挪到待辦事項清單中，以便後續處理。

除非你是總裁助理，或你的工作必須隨時留意電子郵件，不然的話，上述方法可以為你每週省下好幾個小時。記住，你發出越多電子郵件，你就有更多的電子郵件需要回覆，因為凡事有來就有往。這就是為什麼你以為放完長假回來會需要花三天時間處理電子郵件，最後只用了幾個小時就完工。大部分的事情會自行解決，而且是在沒有你的情況下——很震驚吧！

哇，這感覺可真好。

12. 排定社群媒體使用時段，並設定時間限制（或乾脆完全不使用）

社群媒體是另一個黑洞。當作工具還不錯，但問題是，它很少只是一種工具。為了工作，我「不得不」上社群媒體（我承認其實沒必要，但我喜歡寫作。我跟當前身處於知識經濟中的許多人一樣，必須推廣自己的作品，於是我使用推特。但是小小聲告訴你一個秘密：我覺得很討厭！因為這不是一個最適合展現細緻差異、深刻思考和文明態度的地方）。所以，我把它當作電子郵件，每週處理一次。我的手機上不安裝推特，所以我是在辦公室用筆電登錄並逐一回覆推文的，我因為延遲一週才回覆貼文而臭名遠播，然後提前設定下一週貼文的發布時間。完全比照電子郵件的方式來處理。

我也很討厭臉書，它很像基督教保守派的糟粕（意思

是，批評政治和各種議題，但水準又不怎麼樣）。抱歉，這話我憋了好久才說出來。你大可在你的主頁上發布貼文批評我，這樣正好可以證明我的觀點。

我喜歡 IG，因為可以關注朋友的動態，而且是視覺化的。不過，我只容許自己每天看一次。如果不加以限制，它就會吃掉我的時間，連帶吞噬我的喜樂。幸好，現在還有很棒的應用程式，可以在使用時間到達每日限額時，直接中斷使用。

我在社群媒體上，顯然不是個有趣的追蹤對象，但我對此十分泰然。我對主日講道更有興趣，因為講道的價值遠比一篇兩百八十字的貼文要高出太多。所以，我將時間用來準備講道。

13. 殺掉你的電視（Kill your TV）

還有人記得這個汽車保險槓貼紙嗎？還是我又不小心透露了我的年齡？告訴你一個秘密：我的車上曾經貼過這個貼紙，就是我那輛福斯汽車。是啊，這句話可是老到掉牙了，不過，我跟以前一起玩獨立搖滾樂團的那夥朋友還是不太一樣。我逐漸接近五十歲，但從來沒買過電視。當然啦，現在盛行串流媒體和設備，電視的使用率自然不如從前。

相對於社群媒體，我們在電視、電影這對攣生兄弟身上所消耗的空閒時間更為可觀。一般美國人每天看電視的時間超過五小時，換算起來等於每週超過三十五小時。（千禧世代看電視的時間比較少，但那是因為我們花太多時間在玩社

群媒體，我們對娛樂的沉迷程度有過之而無不及）[10]

　　這是社會到目前為止仍然可以接受的成癮。現在還流行「Netflix 日」：全天或全週末，狂看好幾季影集。近期這種串流媒體使用現象，就像是一個嚴重出岔的安息日。Netflix 的報告宣稱，它的一般用戶平均五天看完一部影集，同時，有數百萬人每天按季追劇十二小時。[11] 當問及 Netflix 首席執行長里德・海斯汀（Reed Hastings）關於來自 Amazon Prime 和其他新興串流媒體服務的競爭時，他聳聳肩表示，他們最大的競爭者是**睡眠**。[12]

　　為了避免你誤以為我反對的事情僅限於浪費時間，我要提醒你：我們留意什麼，就會變成什麼，無論我們留意的是好事還是壞事。就像我老爸、老媽以前常常告誡我的：「垃圾進、垃圾出。」我們容許進入腦海的**每一件事**，都會對我們的靈魂造成影響。

　　如果你滿腦子全是淫亂思想，或是對外在美、愛情和性、暴力、尋求報復的虛妄幻想，或是憤世嫉俗的諷刺想法（卻被世俗誤認作「幽默」）、一連串炫耀財富的行為、陳腐平庸的觀念，你認為這些東西會形塑出什麼樣的靈魂？

　　說實話，身為耶穌學徒，我可以看的東西所剩無幾。在耶穌眼中，人性蓬勃發展的核心重點在於不受欲望控制的生活（參考馬太福音第五章 27-30 節，即登山寶訓）。我熱愛藝術，甚至娛樂，但只有極少數電影是我能看的。這類作品既不會煽動欲望，也不會串連引發有害影響。自從一九二〇

年代以來，惡者一直利用好萊塢作為先鋒，貶低性和婚姻並降低社會對罪惡的敏感度，那我又何必讓惡者如此輕易得逞？

我偶爾會在電影或表演結束後，帶著驚奇、敬畏、寧靜的心情，甚至智慧充滿的感覺離開。但這樣的機會真的很少。何不乾脆一點，直接脫離這班瘋狂列車？殺掉你的電視。我的意思是，如果你願意，毀掉它。我有一個朋友，他真的把電視搬出去扔掉（只是提供參考），或者換一個比較容易接受的方式：限制你的娛樂攝取量。你自己決定一個數字。一週兩小時？四小時？十小時？先選一個低於平均三十五小時的數字。

時間就是生命，而注意力，是通往內在生命的大門。

14. 一次只做一件事

我之所以在手機、電子郵件和社群媒體方面這麼自我約束，是因為我很清楚意識到：一心多用不過是個神話。這是真的，只有上帝無所不在。我寄居在一個「一次只能做一件事」的身體裡面，一心多用只不過是在多項任務之間不斷切換罷了，到頭來沒有一件事情做得好，還不如一次專心做好一件事。

套用哲學家韓炳哲充滿智慧的一段話：「面對時間和環境，這種一心多用的態度，也就是大家熟知的『同時多工』（multitasking），並不代表文明有所進步。相反的，累積這種能力的結果是倒退。同時多工，常見於野生動物，

這是野外求生必備的注意力技能。荒野中的動物被迫將注意力平均分散在各種活動上，這也是動物不具備深思能力的緣故。

不是只有『同時多工』會導致注意力變得扁平，電子遊戲之類的活動也會。在這類情況下，人的注意力類似於野生動物的警惕狀態。美好生活的隱憂在於，人類愈發向生存顧慮讓步。」[13]

傳奇人物布魯格曼則說過：「一心多用是一種想要大於現在的自己、控制無力掌控之事、擴展個人力量和效能的欲望。這種做法製造了自我分裂的狀態，無論做什麼，都無法全神貫注。」[14] 很顯然，我不是唯一提倡恢復每次專注做好一件事情的人。別再同時寫電子郵件、上推特、發簡訊、聽音樂，還要跟開放式辦公室的鄰座同事 A 聊天。你認為呢？

我想要充分活在此時此刻，無論是我在跟上帝、跟別人、跟工作、跟自己的靈魂相處的時候。注意力用來關注此時此刻的事情就已經來不及了，所以，查看天氣預報和搜尋星際大戰第十集是可以推遲的。

15. 走路速度慢一點

現在來說說原生家庭。我爸爸是個 A 型人格的人，我也是。小時候，我們父子總因為走路飛快而自豪。夠怪的吧，但我們就是這麼怪。還記得聖誕節去大型商場購物時，爸爸帶著我大步流星的越過所有購物人潮——我們打定主意

要比這群笨蛋先抵達。

我妻子是拉丁人，她來自一個溫暖的文化，走路很慢。事實上，她幾乎做什麼都很慢。新婚階段，我們為了走路速度不知道吵架多少回，沒騙你，真的吵過太多次。

時間來到現在，徹底改變的我已經適應了「慢活」，因為我發現許多跟隨耶穌的偉人——生活導師、靈性導師、年長而充滿智慧的基督徒，他們幾乎走路都很慢。並不是因為他們性格陰鬱、身材肥胖，或罹患哮喘，而是他們刻意為之，這是多年承擔耶穌「輕省的軛」的副產品。

有一位長者跟隨耶穌的方式很酷。不久前，我在舊金山跟他會面，我們決定一起散步而不是只坐下喝咖啡。我們打算花兩、三個小時，不預設目的地，邊走邊聊。但我發現自己因為他走路太慢而覺得火大，這算是哪門子走路，根本是太空漫步！而且他一聊到特別有深度的內容，就會完全止步，轉身面對我，用超級慢的語速。

我發現自己心浮氣躁想著：拜託，你快一點好不好。但我隨即意識到：我究竟想去哪裡？我們本來就打算哪裡也不去啊！我要說的是，讓整體人生步調放緩的最好方法之一，就是實際放慢身體的速度，強迫自己在環境中，用放鬆的節奏移動。紐約人現在一定全都恨我，他們肯定辯稱自己的確必須趕往某處。

最近我和妻子出去散步的時候，小吵了一架。不是什麼大事，衝突也不大，只不過因為她走太快了⋯⋯

16. 固定安排一天，安靜獨處

　　我每個月都排定完整一天用來獨處，這同樣不是硬性規定，我有時候也會忘記實行，但我通常會在這一天很早起床。如果天氣好，我會沿著河岸開車四十分鐘前往索維島。冬天來臨，我會預訂當地特拉普教派的修道院房間，那邊只有我和僧侶。這通常是個緩慢、輕鬆，充滿閱讀、禱告，甚至偶爾小睡片刻的日子。

　　這很像安息日，但又有些不同。這是自我沉澱、聚焦和檢視生活脈動的日子，看看自己是否活出想要的生活，又符合信仰。我會在這一天回顧上個月的生活，預排下個月的時間表。我會拿出人生計劃和年度目標來追蹤進度。我會使用日誌，根據我所感受到的，將上帝靠近我和邀請我的方式記錄下來。

　　每月一天操練靜默和獨處，這對我的個人建造的影響，完全超越言語所能形容。的確，我性格內向，有異於大多數人，而且我是牧師，擁有半彈性的工作時間——這些我都知道。但我認為，這對任何性格類型的人來說，都是很有智慧的做法，而且遠比大家想像的更容易實行。

　　我希望越來越多人照著做。我希望年輕媽媽做這項操練，並由爸爸接手照顧孩子；夫妻輪流，每個月挪出一個禮拜六就好。我希望大學生實行這項操練，藉此避免陷入大學生活的瘋狂，因為大學生身心疾病已經高達流行病的程度。我希望商業界人士進行這項操練，藉此確保個人生活平衡，

讓他們的表現比公司財報更為優秀。我希望 MBTI 人格類型中，具有創意和即興特質並反抗排程計劃的 P 型人做這項操練，讓他們不至於因為許多分心的瞬間，而多年浪擲珍貴美好的短暫人生。

我希望你也如法炮製。你辦得到。

17. 寫日記

我寫得不多，僅足以讓我保持專注，並證明我有資格擁有桌上那本 Moleskine（法國百年傳奇設計品牌，筆記本中的奢侈品）。我的最低限度是，在每月靜默和獨處的日子，寫下那個月的重大進展、夢境和預言，或我所感受到、聖靈為我指引的方向。這種緩慢、抒發式的生活書寫是在充滿颶風的現代世界中，將靈魂拴在生命根基上的一根繩索。

如果你不喜歡書寫，不妨錄製影片或語音日記，或乾脆坐下來，跟上帝一起回顧一下你的生活。重點是，放慢一段足夠長的時間，從外在的角度來觀察自己的生活。希臘有句諺語：「未經審視的生活，不值得去活。」[15]

18. 嘗試正念和默想

再次強調，所謂的正念，只不過是世俗社會的靜默和獨處，如同我們的禱告，只是少了最好的部分。傳統默想中，包括了耶穌多種正念方式（正念，即專注於此時此刻的覺察）。[16]當我無法專注，即便拋開科技產品仍然浮想聯翩時（很遺憾，我常常這樣），我會花幾分鐘時間專注在自己的

呼吸上。只是很簡單的，去「看著」我的呼吸進進出出。然後我開始想像自己吸入聖靈，並呼出一整天的焦躁。我將自己的呼吸轉換成禱告，吸入聖靈的九種果子，一次一種……

吸入愛，呼出憤怒……

吸入喜樂，呼出憂傷和痛苦……

吸入平靜，呼出對未來的焦慮和不確定……

吸入耐心，呼出生活中的匆忙……

而下一步的默想，則是比專注於此時此刻的正念還要更好的練習。默想是基督教自古以來的用語，同樣是被新時代復興主義人士所借用的另一個詞彙。只不過你心中默想的不會是印度的合十禮，而是詩篇第一章「喜愛耶和華的律法，晝夜思想，這人便為有福」。在耶穌的希伯來式默想中，你不僅需要清空思緒（思想雜訊、混亂、焦慮等），還要讓你的心中充滿聖經的話語、真理和聖靈的聲音。

默想對心靈的助益，我難以訴諸言語。但是提摩太·凱勒（Timothy Keller）辦到了：「默想的人會成為有內涵的人。他們將事情想得明白、擁有深刻信念。他們有能力用簡單的話語說明困難的概念。他們很清楚自己做每一件事背後的原因。許多人不默想，凡事蜻蜓點水，憑著衝動抓取和選擇，不曾好好想過自己為什麼會有這些行為。他們隨著一時興起，過著心靈膚淺的生活。」[17]

當今文化膚淺，專注於此時此刻的覺察和默想是踏入

水深之處的其中一步。

19. 如果可以，去放個長假

我注意到有很多人都不再放長假，而是選擇在週末短暫逃離塵囂。去洛杉磯住兩天、到海邊度過週末、長途開車去聽音樂會。

這種打破常規的娛樂形式固然很好，也有必要，但我們往往拖著疲憊的身體回家，搞得比放假前還累。經驗告訴我，給自己足夠長的時間真正放慢、讓靈魂進入更深刻的休息，這其實需要滿長一段時間。

近期研究顯示，只有 14% 的美國人，每年持續休假超過兩週；而每年休假不到七天的人口，則高達 37%。[18] 隨著中產階級的假期日漸偏重在忙於活動，人們在短假結束後精疲力盡的現象反而成為一種新的常態。

所以，我多年以來總是先預留少數幾天假日用來因應隨機事件，包括出席婚禮、慶祝週年紀念的短度假、房屋局部修繕，再將大部分假日保留作為放長假之用。大家都覺得我很瘋狂。你是哪種做法？我認為我在其中獲得重大發現。

不過，這會不會只是我的工作節奏和暫停教導任務的個人需求所使然？最近，芬蘭的坦佩雷大學有一項研究發現，幸福感的程度在假期第八天到達巔峰，並隨後進入高原階段。[19] 研究人員因此建議我們每季休假一週（適用於每年擁有四週帶薪假期的人）。

以色列在摩西五經教導之下，每年固定有三個長達一週的節期，全都用來作為安息週，並嚴禁工作，它是安息日的延伸，只准休息和敬拜。這三個節期通常足足八天，因為前後各有·個安息日。你說，現代的科學是不是正好「證明」古人的智慧？

我完全明白，你們當中有許多人，尤其對正在承受貧困和不公平重擔或事業正值起步的你來說，根本無權選擇。所以我只會鼓勵你們，儘量拉長假期和增加放假次數。我們教會將這項生活規則納入聘僱合約當中並要求員工簽署，讓他們明確承諾每年都會好好休完每一天假期。我鼓勵你考慮這個做法。

暑休是我生命中最重要的屬靈操練之一。沒錯，這是一種屬靈操練。耶穌和許多屬靈偉人都會定期離開幾週，進入 *eremos*（獨處的地方）。我獨處的地方，有三個滿屋子亂跑的小孩和一疊小說。

我再一次建議，將「暑休」當作動詞，並採取行動。

20. 自己做飯，在家用餐

我們經常在家吃飯。譚咪和我每週都有一個晚上出去約會，但我們很少全家出去吃飯。我平日會帶午餐去上班，孩子們只能盯著學校自助餐的披薩流口水，傍晚我們幾乎天天在家。我們吃很多蔬菜和原形食物，所以做飯的時候必須經常從處理食材開始。為了省事，我們的菜單經常重複，一切從簡。

快餐，吃的是速度，不是食物。真正的食物需要花時間，我們很能接受這一點。

餐桌是我們家庭生活的重心，我們圍繞著餐桌分享每天的故事和生活中的起起落落。譚咪跟我負責提問，防止話題流於小學生等級的幽默。我們歡迎鄰居和社區朋友加入，我們讓孩子學會禮貌，當作友愛鄰居的一種方式。晚餐後，我們通常全家圍坐桌旁，由我朗讀一章聖經，或簡單分享一句「每日格言」。

我們最近開始一項新的慣例。首先，會由我介紹一個新的單字，然後，請每個孩子設法用這個單字來正確造句。若造句正確，就可以分得一片巧克力餅乾（我覺得這時候的我充滿了論斷性）。這是裘德昨天晚上用「敷衍」完成的造句：「大多數家庭作業，其實都是敷衍了事。」

而八歲的莫西，這位鋒芒初露的創意人卻有不同的想法：他自己編故事。他的故事通常又長又複雜，不僅稀奇古怪、笑料十足，而且一定要把當天的單字留到最後一句。等他表演完畢，我們四個早就笑得死去活來。誰做的好事？總是讓我們笑到喘不過氣，就是莫西。

這些都是讓一個家，成為一個家的時刻。而許多最美時刻，都圍繞著這張餐桌。

心

書寫這一章的過程很有趣。但請不要誤會我的語氣，

我現在面帶微笑，而不是吹鬍子瞪眼。這裡沒有任何一條規則出於某種高度緊繃、焦躁和充滿宗教負罪感的心態。我保證，這每一條都能使我重新得力，甚至大有樂趣。

不過，這些都是我的想法。萬一不適合你，那也沒問題。你不妨**親自動手**，列出一張適合自己的清單，然後去做。

生活，不是只有「加速」而已，還有好多其他的東西。眼前真正的人生正等待你去享受。

我們必須毫不留情、消除匆忙，而遊戲化是最好的完成方式。

平靜的生活

同樣是禮拜天晚上，夜幕低垂；同樣是剛結束講道，不過只有三場，不是六場。

騎自行車回家的路程很短，回家正好趕上親吻孩子，送他們上床睡覺。可以跟譚咪共進晚餐，不必看功夫片。我的心理健康顯著好轉。《白宮風雲》還是沒有看完，山姆・希伯恩（Sam Seaborn）這角色離開後，劇風就不太一樣了。或許哪天我會看它一集？

儘管明天會很累，但我能夠感覺到自己的靈魂。

我再度與約翰在門洛公園共進午餐，我們兩、三個月碰面一次，而且已經持續一段時間。我所謂的「共進午餐」其實是他負責邊吃邊講，我負責邊聽邊抄筆記。

我一貫的開場白是：「你好嗎？」而他這次的回答是：「現在的我，只是努力不去錯過每一天的美好，並且每天全力以赴。」沒錯，他說我寫，逐字逐句，並試圖理解其中含意。

安息日回家，一路上回顧著人生，心中為匆忙度日的那幾年感到後悔莫及。然而，對嶄新生活方式的感恩，卻遠遠超過對往日的悔恨。我猜，你或許認為現在的我很快樂，我會說，不是 IG 上那種明亮耀眼的快樂，也不是愛情喜劇中的那種浪漫幸福，因為我的快樂並非這類徒勞捕風的喜悅。我跟大多數人一樣，只會偶爾體驗到短暫的興奮。對我而言，通常是在安息日或特殊場合。這種稀少的興奮時刻，更加凸顯了它的特殊性。

我對戒酒無名會的禱告有很深刻的共鳴：「願我一生擁有合理的快樂，願我的來生（因耶穌），擁有永恆而極致的幸福。」[1] 我擁有了合理的快樂。這樣的幸福，豐富有餘。

距離我辭退工作、脫離匆忙列車、選擇那條通往未知而坑窪不平的道路，算一算已經五年。俗話說：「恍如昨日。」但我不這麼覺得，反而像是另一個時代、另一次生命，使我完全沒有重返昨日的渴望。過去的五年充滿了醫治、迷惘、情緒、樂趣、困難、渴望、喜悅和失望，但大部分時候，只有美好。

我重新整頓自己，圍繞著三個極為簡單的目標：

1. 放慢生活步調。

2. 模仿耶穌做法，簡化生活。

3. 以持守耶穌同在為生活軸心。

持守耶穌的同在是我不斷將自己拉回人生軸心的一種

比喻。我迫切渴望深深活在充滿愛、喜樂、平安的狀態中。

巴黎修道士尼古拉斯·赫爾曼（Nicholas Herman）將這種生活方式稱為「上帝同在的實踐」[2]，因為活出專注和覺察，需要實際去做。生活在現代環境中更是如此。

這四種練習：靜默和獨處、安息日、簡樸、放慢步調，都讓我邁向中心基準點，也就是「持守」，有著莫大的幫助。不過，我還是要再次強調，這四個都只不過是達成目標的方法。

最終的目標，不是靜默和獨處，而是回到上帝面前，回到最真實的自己；最終的目標，不在於實施安息日，而是活在寧靜、感恩中，而且活得不費力並充滿讚嘆、驚奇和敬拜；最終的目標，不是簡樸，而是可以活得自由，並專注在最重要的事情上；最終的目標，也不是放慢，而是要活在狀態中，無論面對的是上帝、是他人，還是此時此刻。

而真正的目標在於實踐，不是完美。我一天中總有好幾次再度陷入匆忙，匆忙所發出的引力，有時候令人難以招架。最近，我一遇到這種情形，就會輕聲復誦這個禱告：

放慢。

呼吸。

回到此時此刻。

收下美好事物當作禮物。

接納困難是通往平靜的途徑。

持守。

這是我的禱詞，這是我在精神上和情緒上的復原設定，這是我重新啟動的方式。有些日子，這個禱告我只說了一次；有些日子，我完全忘記有它。壓力重大的日子，我發現自己一整天都在默默重複這個小小的禱告儀式，而每一次重複都會帶我回到此時此刻。

「此時此刻」是你找到上帝、找到自己的靈魂、找到生命的地方。「外在」的事物，例如下一劑多巴胺、下一個任務、下一回體驗，其中沒有生命。生命，就在這裡，就是現在。

自稱「現代神秘主義者」的宣教士法蘭克・勞百赫（Frank Laubach）說得好：「眼前的每一刻，只要充滿了上帝，那一刻就是永恆。」[3]

與他同一時代的魯益師，在我已經引用過的諷刺性屬靈小說中，安排了一位擁有長者智慧的魔鬼。這個老魔鬼對「敵方」（耶穌）做出了這樣的評論：「人類活在時間中，但我們的敵人卻賦予他們命定的永恆。所以我認為，祂希望人類關注的事情主要有兩件：一個就是永恆本身，另一個則是人們稱為現在的那個時間點。因為現在，正是時間和永恆的交會點。因此，祂會讓人類持續關注永恆（就是祂自己）或此時此刻，要不然，就是順從良心在此刻所發出的聲音、背負此刻的十字架、接受此刻的恩典、為此刻的喜悅而感

恩。」[4]

所有最好的東西都在此刻，現在。

歷史中，所有偉大傳統智慧，無論出於宗教或世俗、東方或西方、基督教或非基督教，都共同強調這一點：如果幸福人生有公式，這個簡單的公式就是——活在此時此刻。

每一刻盡都美好，為何匆忙趕往下一刻？此時此刻，有著太多可以觀看、享受、心懷感恩接受、歡慶和分享的東西。正如詩人威廉·斯塔福德（William Stafford）所說：「人所能給你的東西中，有哪一樣能比『現在』更偉大？」[5]

我很討厭 *carpe diem* 這句流行語，它的意思是及時行樂，雖然原本是拉丁語，但還有什麼比這個概念更美式的？彷彿時間是一種高價商品，而且應當人人為己。假設日子或時間本身並非需要抓緊的稀有資源，而是一份可以心懷感恩而接受的禮物呢？

「我只是努力不去錯過每一天的美好。」

即便面對糟糕的日子、艱難的時刻、痛苦、危機、失望、確診、生活各方面全都不如人意，即便如此，我還是會用戒酒無名會這句奇妙的話來提醒自己：「承認苦難是通往寧靜的途徑。像耶穌一樣，接納這個世界淪喪的樣貌，而非期待世界如我所願。」[6]

充滿痛苦的日子是建造品格的基石，是考驗我們是否像耶穌的煉爐。我無法迎接痛苦，至少現在還不能，因為我在

這條路上才剛剛起步，但我欣然接受。這是因為我的拉比教導我，帶來幸福的不是環境，而是品格建造；還有，與上帝相連。[7]因此，無論日子十分美好或不太順利，我都不想錯過眼前的這一刻。

如果恩惠慈愛必「在我一生中的每時每刻」伴隨著我[8]，我真不知道，在我天天包山包海、疲於奔命的階段中，在我以閃電戰術因應都市生活的過程中，我到底錯失了多少個美好的日子？「待我死後便能安睡。」──只有否定上帝、活在永恆水流之外的靈魂，才會發出這樣的咒語。

所以我決定了，現在就要毫不留情地消滅匆忙。但可想而知，我又失敗了，而且一天失敗好幾次。那麼，我有成功的時候嗎？有的，當我開始再次禱告：

「放慢。呼吸。回到此時此刻……」

我期許我可以告訴你：經過兩、三年的實行，我大有進步，不再匆忙。檢驗合格，通通打勾。而且從耶穌同在中汲取愛、平安、喜樂，一直過著輕省的生活。

唉，但實際上並沒有，我跟你同樣生活在現代社會，既享受其中特權，也承受其中痛苦；既享受其中財富、感官愉悅、優質咖啡、都市樂趣，也承受其中壓力、數位干擾、過度消費和榨乾身心的各種要求。因此，這本書不只是寫給你們，也是寫給我自己。

過去五年以來，世界並沒有改變；如果有，也只是偏離

軌道更遠。但是我改變了，我不再以相同的方式體驗世界，我有了一條新路。當我遙望地平線，看見自己很有希望變成心中期待的樣子時，雖然明知目標十分遙遠，但我喜於看見那道曙光。

有時候我甚至可以站在現在看見未來的自己，看見我體現了愛德華・弗里德曼（Edward Friedman）所說的「無焦慮的存在」[9]，那種感覺真的很好。然後，我一如預期，再度陷入匆忙，而且通常一天多次情緒失去平衡，與聖靈失去同步。一遇到這種情形，我就做復原設定。重新開始。這一次，慢慢的……

「呼吸。回到此時此刻。收下美好事物當做禮物。接納困難是……」

雖然我用趣味的方式寫這本書，但事實是，人生沒有特效藥、沒有殺手級應用程式、沒有放諸四海皆準的單一公式。至於那四項練習？那就只是四項練習。面對你人生旅程永遠無法「抵達」的目標，它們永遠是你向前邁進的踏腳石。

但如果你的旅程跟我的尚有雷同之處，你也同樣會有那種進三步、退兩步的感覺。那很正常，甚至可以說很健康。關鍵是，你得堅持下去。要當寓言故事裡的陸龜，不要當野兔。有失誤，就再重新設定一次。

安息年假期結束。一年後，我透過使徒保羅寫給帖撒羅尼迦教會的書信進行教導。就在我默想了他的短書信三個

月之後，有一句話一直在我心中盤旋不去。這裡面有某種元素，將這句話深深印入了我的腦海，最後成為我的公開宣言。

「讓活出安靜的生活，成為你的野心。」[10] 我因為保羅在這句話中，將「野心」與「安靜」對比並列而大為震撼。這兩個詞彙相互對立，不屬同類。我聽到野心，會聯想到匆忙（或推搡急行），充滿急迫感和事業心的生活型態，還有近期熱門企業名人或 A 型人格專業人士迫切追求成功，並不惜以靈魂作為代價。

使徒保羅卻說，我們要將自己的野心，也就是個人程度不一、被壓抑的能量和欲望，瞄準另一個截然不同的目標：安靜的生活。這才是我們的目標、終點、成功願景。保羅在一切可供選擇的形容詞中，選擇了**安靜**，而不是**招搖**，也不是**重要**，甚至不是**影響力**，只是安靜。

使徒保羅這句話讓我聯想到耶穌會創始人聖依納爵·羅耀拉（Saint Ignatius of Loyola）歷久不衰的建言：「設法讓靈魂永遠保持平靜和安寧。」[11]

我每次讀到依納爵這句話就不由得微笑。我很喜歡他所說的「設法」，彷彿他早就知道我們會搞砸，而且天天搞砸，彷彿他早就知道我們從現實變為可能的這段旅程有多麼漫長——從我們的現狀開始，逐漸具備成長和成熟的潛力；從接受了耶穌「到我這裡來」的邀請並負起祂輕省的軛，並趨近使徒保羅臨終所說的程度：「我離世的時候到了。那美

好的仗我已經打過了。」[12]

設法在喧囂的世界中，活出安靜的生活，會是一場戰鬥，是一場消耗戰，是一場用平靜對抗現狀的反叛。有了開疆闢土的戰爭，就會有死亡和犧牲。對我而言，假設我現在還繼續走在原先向上爬的路徑上，並成為我有可能成為的樣子，那麼我就必須犧牲真正的我。我到現在還會偶爾自問，假設當時如何那現在會如何。

我必須和解：接受我是誰，也必須接受我不是誰。我必須放下妒嫉、幻夢、會像癌症般擴散的焦躁不安。我必須心懷感恩接納：這就是我的人生。這其中，的確有一種死亡，不過，在十字架裡，只有不好的東西才會死去：形象、地位、自誇的權利，以及這一切虛榮。但更重要的是：死亡之後，必有復活。

以輕鬆生活為目標，你的實際生活會充滿各種焦慮和挫敗；但若以肩負輕省的軛為目標，則正如奧伯格所說：「你處理困難任務的能力，會有實質的提升。」[13] 跟隨耶穌並不困難，跟隨自己、用自己的方式生活才會困難重重，因為這條路會引人走向疲乏。跟隨耶穌仍然必須負軛，也就是承擔生活責任，但那是個輕省的軛，而且永遠不必由我們獨自背負。

然而，這個用來承擔人生艱困的「輕省的軛」，是我們必須奮力爭取的東西。什麼？你心想，我可不想奮力爭取，我需要休假。很遺憾，令人難以接受的現實是，這件事

由不得你。關於這一點，演化生物學和基督教神學一致認為人生是一場奮鬥，而問題只不過是：你為什麼而戰？是適者生存？是扭曲後的美國夢？還是更好的東西？

如果你為匆忙而戰，別忘了可能的代價，因為你所要爭取的，不僅是美好的生活，還有美好的靈魂。所以，親愛的讀者朋友，你我都必須做出決定，不只有在面對中年危機這類叉路時（雖然遲早要面對）才要做決定，而是每一天都得做決定。

你的人生，打算怎麼活？

未來，人類的生活速度看來只會更快、更匆忙、更空洞、更乏味，還有「欺騙和受騙」。[14] 所以，你是否願意跨越？還是你會繼續走在那條讓人生充滿疲憊、缺乏創意、行色匆匆、繁忙、雜音、物質主義和廣告轟炸的老路上？你會在你的人生小船航行不穩時，才「來點耶穌」，包括等到有空才去教會、等到擠出時間才禱告，而大部分時間都在試圖成為「狼群首領」？

或者你記得還有別條出路？那麼，你是否願意駛離高速公路，進入那條窄路？你是否願意徹底改變生活步調，背負起耶穌輕省的軛？並且在遭遇失敗時重新開始，而且這一次會：慢慢來？這本書，既是問題，也是答案，但它更是一份邀請，為你而預備。「凡勞苦擔重擔的人，可以到我這裡來，我就使你們得安息。」

我接受了邀請，你呢？

我要為輕省的軛，獻上感謝。

耶穌說：

但我勸弟兄們要更加努力。
要立志過**安靜**的生活 。

帖撒羅尼迦前四 10-11

致謝

謝謝譚咪（Tammy），我愛妳。

謝謝裘德（Jude）、莫西（Moses）、桑蒂（Sunday），我迫不及待安息日的到來。

感謝「愛的筵席」社群：Normans, Smits, Hooks, Petersons, Mossers, Pam 和 Hanna。

感謝 Comers 和 Jaureguis 家族的所有人！

約翰・奧伯格（John Ortberg），謝謝你帶給我最美好的午餐時光。

感謝 Chris 和 Meryl。

感謝藏鏡人吉姆博士（Dr. Jim）。

感謝 Dave Lomas 那天週五的通話。

感謝海巖同好會（Searock Fraternity）的所有成員：Dave, Jonny, Pete, Tim, Al, Darren, Todd, Mark, Tyler, Jon 和 Evan，非常愛你們，五月見。

布里奇頓教會（Bridgetown Church）的所有同工，謝謝你們給我時間寫作，以及其他無數的事情。

感謝 Bethany，妳是我所認識最鼓舞人心的人。

感謝 R.W.P.。

感謝 Mike S 和 Y&Y 團隊。

感謝 WaterBrook 出版社讓這本書順利出版，我對你們有無盡的感激和愛。

作者簡介

我和妻子以及三個孩子居住與工作在俄勒岡州波特蘭市。

我是布里奇頓教會（Bridgetown Church）的牧師，負責教導和傳遞異象。我們的教會以很簡單的理念為根基：在波特蘭一起實踐耶穌之道。

我有西部神學院的聖經和神學研究碩士學位，目前在福樂神學院和威拉德中心攻讀靈命塑造（spiritual formation）博士學位。

歡迎追蹤 Podcast Bridgetown Church 或 This Cultural Moment 來聽我的講道，This Cultural Moment 是由我和我的朋友馬克‧塞耶斯（Mark Sayers）共同主持，內容是關於如何在後基督教的世界跟隨耶穌。

更多關於我的資訊可以上這個網站：johnmarkcomer.com

附註

前言： 說說我的流行病

1. 這是在他復出影壇飾演約翰・威克（John Wick）之前的片子。我並沒有看過那部電影，因為不太符合耶穌的作風。
2. 我喜歡將 mega 定義為：「(1) 以主日為中心。(2) 人格驅動。(3) 依消費者導向做計畫。」因為用這種方式可以帶領兩千、兩百或二十人的教會。
3. Peter Scazzero, *The Emotionally Healthy Church: A Strategy for Discipleship That Actually Changes Lives* (Grand Rapids, MI: Zondervan, 2003), 20。這原本是彼得・史卡吉羅《建立高 EQ 的教會》（美國麥種傳道會）中的一句話。這本書形塑了我的生命，也對我們教會有多方面的深遠影響。我接下來幾頁，引用了不少這本書的話。
4. 對各位波特蘭市當地人來說，二十三街曾經很酷。我承認我有年紀了，因為我還記得 Urban Outfitters 剛開張的情形。當時挺流行的。相信我。
5. Byung-Chul Han, *The Burnout Society* (Stanford, CA: Stanford University Press, 2015), 51，中文版：韓炳哲，《倦怠社會》，大塊出版社。
6. Gilles Lipovetsky, *Hyper-modern Times* (Malden, MA:Polity Press, 2005).
7. 馬太福音十一章 28-30 節，現代標點和合本。
8. 馬太福音十一章 30 節。（英文採 MSG 版聖經）
9. 希伯來書一章 9 節。

匆忙：靈性生活的大敵

1. John Ortberg, *Eternity Is Now in Session: A Radical Rediscovery of What Jesus Really Taught About Salvation, Eternity, and Getting to the Good Place* (Carol Stream, IL: Tyndale, 2018); John Ortberg, *Soul Keeping: Caring for the Most Important Part of You* (Grand Rapids, MI: Zondervan, 2014)，中文版：約翰・奧伯格，《心靈守護者》，道聲。他的每本著作都很精彩，而這是我最喜歡的兩本。
2. Dallas Willard, *Renovation of the Heart: Putting on the Character of Christ* (Colorado Springs, CO: NavPress, 2002)，中文版：達拉斯・魏樂德，《心靈的重塑》，天道。放下這本書，去買這本書來閱讀。
3. 你問我，該從哪本書開始閱讀？哦，天哪，好難回答。推薦以下幾本。前兩本是魏樂德的著作中，最不容易理解的兩本書。第三本是他的作品中，最容易閱讀的一本；透過本書，可以輕易掌握他的生活信息。而要完整了解他所有著作的概念，不妨參閱第四本。選擇你自己的屬靈冒險吧！

（1）*The Divine Conspiracy: Rediscovering Our Hidden Life in God* (New York: HarperCollins, 1998)，中文版：《21 世紀天國導論》，校園出版社。這是他的代表作。

（2）*The Spirit of the Disciplines: Understanding How God Changes Lives* (New York: HarperCollins, 1988)，中文版：《靈性操練真諦》，校園出版社。這是我讀過最有影響力的書。

（3）*The Great Omission: Reclaiming Jesus's Essential Teachings on Discipleship* (New York: HarperCollins, 2006)，中文版：《大使命與大抗命：再思耶穌的門徒訓練》，校園出版社。

（4）*Renovation of the Heart: Putting On the Character of Christ* (New York: NavPress Publishing Group, 2012).

4. John Ortberg, *The Me I Want to Be: Becoming God's Best Version of You* (Grand Rapids, MI: Zondervan, 2014)。我借用約翰·奧伯格優質著作的書名來解釋他的問題。太妙了。

5. 這個故事出於奧伯格著作《心靈守護者》英文版第二十頁。順帶一提，這一段是這本書的精華。我每年夏天重讀這本書。我在引用奧伯格的文字時做了部分改述，在引用魏樂德的文字時則一字未改。

6. Michael Zigarelli, "Distracted from God: A Five-Year, World-wide Study," Christianity 9 to 5, 2008, www.christianity9to5.org/distracted-from-god.

7. 參見馬可福音第十二章 28-31 節，其中耶穌引用了兩條命令，第一條在申命記第六章 4-5 節，第二條在利未記第十九章 18 節。

8. 哥林多前書十三章 4 節。

9. Kosuke Koyama, *Three Mile an Hour God* (Maryknoll, NY: Orbis, 1980), 7.

10. 韋氏字典對 slow 的定義。

11. *An Hurried Life: Following Jesus' Rhythms of Work and Rest* (Downers Grove, IL: InterVarsity Press, 2013), 94.

12. Ronald Rolheiser, *The Holy Longing: The Search for a Christian Spirituality* (New York: Random House, 2014), 31-33.
Ronald Rolheiser, *Sacred Fire: A Vision for a Deeper Human and Christian Maturity* (New York: Random House, 2014)，此為同系列的下一冊，是我一直以來的愛書之一。主要討論人生在三、四十歲階段如何當門徒，是所有這個年齡層的耶穌跟隨者的必讀好書。

13. T. S. Eliot, "Burnt Norton," *Four Quartets* (New York: Harcourt,1943)，中文版：艾略特，《四個四重奏，艾略特詩選》中的第一首詩〈焚毀的諾頓〉，譯林。

14. John Ortberg, *The Life You've Always Wanted: Spiritual Disciplines for Ordinary*

People (Grand Rapids, MI: Zondervan, 2002), 38-39，中文版：約翰・奧伯格，《十個改變生命的屬靈操練》，道聲出版社。我偏愛他的作品。每一本都精彩，而這是他最棒的一本。

15. 路加福音十章 41-42 節。

16. Peter Scazzero, *Emotionally Healthy Spirituality: It's Impossible to Be Spiritually Maturely While Remaining Emotionally Immature* (Grand Rapids, MI: HarperCollins, 2017)，中文版：彼得・史卡吉羅，《培養高 EQ 的靈命》，美國麥種傳道會。這是我閱讀過的最重要書籍之一。大力推薦。我每年夏天重讀一次，從未中斷。

速度簡史

1. 大英百科全書估計，羅馬人於西元前 290 年首度啟用日晷；為羅馬城所設計的日晷，則於西元前 164 年啟用。www.britannica.com/technology/sundial。

2. Aulus Gellius, *The Complete Works of Aulus Gellius: Attic Nights* (East Sussex, UK: Delphi Classics, 2016)，此書作者認為這些台詞出自羅馬喜劇劇作家普勞圖斯。

3. Carl Honore, *In Praise of Slowness: Challenging the Cult of Speed* (New York: HarperCollins, 2004), 22.

4. Jacques Le Goff, *Time, Work, and Culture in the Middle Ages*, trans. Arthur Goldhammer (Chicago: University of Chicago Press, 1980), 44.

5. Daniel J. Boorstin, *The Discoverers: A History of Man's Search to Know His World and Himself* (New York: Vintage Books, 1983), 39.

6. Arwen Curry, "How Electric Light Changed the Night," KQED, January 20, 2015, www.kqed.org/science/26331/how-electric-light-changed-the-night.

7. Kerby Anderson, *Technology and Social Trends: A Biblical Point of View* (Cambridge, OH: Christian Publishing, 2016), 102.

8. Stacy Weckesser, "Americans Are Now Working More Hours Than Any Country in the World," Blue Water Credit, July 21, 2015, https://bluewatercredit.com/americans-now-working-hours-country-world，這項研究表明：美國人每年的工作時數比日本人多出 137 小時；比英國人多出 260 小時；比法國人多出 499 小時。

9. Lawrence Mishel, "Vast Majority of Wage Earners Are Working Harder, and for Not Much More: Trends in U.S. Work Hours and Wages over 1979–2007," Economy Policy Institute, January 30, 2013, www.epi.org/publication/ib348-trends-us-work-hours-wages-1979-2007.

10. Silvia Bellezza, Neeru Paharia, and Anat Keinan, "Research: Why Ame-

ricans Are So Impressed by Busyness," *Harvard Business Review*, December 15, 2016, https://hbr.org/2016/12/research-why 269-americans-are-so-impressed-by-busyness.

11. Andrew Sullivan, "I Used to Be a Human Being," *New York Times Magazine*, September 19, 2016, http://nymag.com/intelligencer/2016/09/andrew-sullivan-my-distraction-sickness-and-yours.html.

12. Thomas L. Friedman, *Thank You for Being Late: An Optimist's Guide to Thriving in the Age of Accelerations* (New York: Farrar, Straus and Giroux, 2016)，中文版：湯馬斯·佛里曼，《謝謝你遲到了》，天下文化。

13. Nicholas Carr, *The Shallows: What the Internet Is Doing to Our Brains* (New York: W. W. Norton, 2011), 6–7，中文版：卡爾，《網路讓我們變笨？》，貓頭鷹。

14. Julia Naftulin, "Here's How Many Times We Touch Our Phones Every Day," Business Insider, July 13, 2016, https://www.businessinsider.com/dscout-research-people-touch-cell-phones-2617-times-a-day-2016-7.

15. Kari Paul, "Millennials Waste Five Hours a Day Doing This One Thing," *New York Post*, May 18, 2017, https://nypost.com/2017/05/18/millennials-waste-five-hours-a-day-doing-this-one-thing/.

16. Michael Winnick and Robert Zolna, "Putting a Finger on Our Phone Obsession: Mobile Touches: A Study on Humans and Their Tech," dscout (blog), June 16, 2016, https://dscout.com/people-nerds/mobile-touches.

17. Robinson Meyer, "Your Smartphone Reduces Your Brainpower, Even If It's Just Sitting There: A Silent, Powered-Off Phone Can Still Distract the Most Dependent Users," *Atlantic*, August 2, 2017, https://www.theatlantic.com/technology/archive/2017/08/a-sitting-phone-gathers-brain-dross/535476/.

18. 造訪 www.tristanharris.com 網站，或是觀看他的 TED 演講："Tristan Harris: Do Our Devices Control More Than We Think?," October 13, 2017, TED Radio Hour, https://wnyc.org/story/tristan-harris-do-our-devices-control-more-than-we-think.

19. Mike Allen, "Sean Parker Unloads on Facebook: 'God Only Knows What It's Doing to Our Children's Brains,' " Axios, November 9, 2017, https://www.axios.com/2017/12/15/sean-parker-unloads-on-facebook-god-only-knows-what-its-doing-to-our-childrens-brains-1513306792.

20. Kevin McSpadden, "You Now Have a Shorter Attention Span Than a Goldfish," *Time*, May 14, 2015, https://time.com/3858309/attention-spans-goldfish/.

21. This idea comes from Seth Godin's great blog post "When Your Phone Uses You," Seth's Blog (blog), September 30, 2016, https://seths.blog/2016/12/when-your-phone-uses-you.

22. Listen to "Teach Us to Pray—Week 2" from my friend Jon Tyson of Church of the City New York, www.youtube.com/watch?v=Jb0vxXZuqek. His thesis: "Distraction leads to disillusionment; attention leads to adoration."

23. This quote is from this fantastic article by Paul Lewis: " 'Our Minds Can Be Hijacked': the Tech Insiders Who Fear a Smartphone Dystopia," *Guardian*, October 6, 2017, https://www.theguardian.com/chnology/2017/oct/05/smartphone-addiction-silicon-valley-dystopia.

24. "Continuous Partial Attention: What Is Continuous Partial Attention?," Linda Stone, https://lindastone.net/qa/continuous-partial-attention.

25. Cory Doctorow, "Writing in the Age of Distraction," *Locus Magazine*, January 7, 2009, www.locusmag.com/Features/2009/01/cory-doctorow-writing-in-age-of.html.

26. Aldous Huxley, *Brave New World Revisited* (New York: HarperCollins, 1958), 35，中文版：阿道斯・赫胥黎，《美麗新世界》，野人。

27. Tony Schwartz, "Addicted to Distraction," *New York Times*, November 28, 2015, www.nytimes.com/2015/11/29/opinion/sunday/addicted-to-distraction.html.

28. Neil Postman, *Technopoly: The Surrender of Culture to Technology* (New York: Vintage, 1993), 185，中文版：尼爾・波斯曼，《科技奴隸 (第 2 版)》，五南。

有些事情非常不對勁

1. Lettie Cowman, *Springs in the Valley* (Grand Rapids, MI: Zondervan, 1968), 207. But it's best known from John O'Donohue, Anam Cara (New York: HarperCollins, 1997), 151. 據我所知，這個故事最早出自於這本書。她寫道：「我們以飛快的速度走到這一步；現在我們需要等待，好讓我們的靈有機會追上我們。」老實說，我不確定這故事的正確性，但無論虛構與否，都有它的道理。

2. Rosemary K. M. Sword and Philip Zimbardo, "Hurry Sickness: Is Our Quest to Do All and Be All Costing Us Our Health?," *Psychology Today*, February 9, 2013, www.psychologytoday.com/us/blog/the-time-cure/201302/hurry-sickness.

3. Meyer Friedman and Ray H. Rosenman, *Type A Behavior and Your Heart* (New York: Knopf, 1974), 33.

4. Friedman and Rosenman, *Type A*, 42.

5. Sword and Zimbardo, "Hurry Sickness."

6. Ruth Haley Barton, *Strengthening the Soul of Your Leadership* (Downers Grove, IL: InterVarsity Press, 2018), 104–6，這是我改編過的清單。以下為完整清單：易怒或過度敏感、焦躁不安、強迫性過度工作、情緒麻木、逃避行為、與自己的身分和使命脫節、無法滿足基本人類需求、囤積能量、靈性生活下滑。

7. 希望說這些話能讓你感覺好點，我第一次做評量時得了滿分，也就是說，我應該馬上被送去戒毒中心。

8. "APA Public Opinion Poll: Annual Meeting 2018," American Psychiatric Association, March 23–25, 2018, www.psychiatry.org/newsroom/apa-public-opinion-poll-annual-meeting-2018.

9. Thomas Merton, *Conjectures of a Guilty Bystander* (New York: Doubleday, 1966), 81, which, by the way, was written over fifty years ago.

10. Wayne Muller, *Sabbath: Finding Rest, Renewal, and Delight in Our Busy Lives* (New York: Bantam, 1999), 2.

11. Mary Oliver, *Upstream: Selected Essays* (New York: Penguin, 2016)，選自這本書的第一部分，她在一篇描述關於自然的文章結尾說到這句話，但我認為這句話適用於所有的關係——與地球、與人類，尤其是與上帝的關係。

12. 馬太福音六章 21 節。

13. John Ortberg, *The Life You've Always Wanted: Spiritual Disciplines for Ordinary People* (Grand Rapids, MI: Zondervan, 2002), 79，中文版：約翰・奧伯格，《十個改變生命的屬靈操練》，道聲。

14. William Irvine, *A Guide to the Good Life: The Ancient Art of Stoic Joy* (New York: Oxford University Press, 2009), 1-2，中文版：威廉・歐文，《善用悲觀的力量》，漫遊者文化。

15. 馬可福音八章 36 節，現代標點和合本。

提示：擁有更多時間並非解決辦法

1. 我最喜歡的三本書，供參考：Greg McKeown, *Essentialism: The Disciplined Pursuit of Less* (New York: Crown, 2014)，中文版：葛瑞格・麥基昂，《少，但是更好》，天下文化；Joshua Fields Millburn and Ryan Nicodemus, *Essential: Essays by the Minimalists* (Missoula, MT: Asymmetrical Press, 2015)，中文版：約書亞・菲爾茲・密爾本／萊恩・尼克迪穆，《簡單，給我們的禮物》，如果；Cal Newport, *Deep Work: Rules for Focused Success in a Distracted World* (New York: Grand Central, 2016)，中文版：卡爾・紐波特，《Deep Work 深度工作力》，時報出版。

2. 創世記一章 27 節。

3. 創世記二章 7 節。

4. 這是另一本我的愛書，其中有一章就是關於接受「有限」這個禮物，Peter Scazzero, *The Emotionally Healthy Church: A Strategy for Discipleship That Actually Changes Lives* (Grand Rapids, MI: Zondervan, 2003)，中文版：彼得‧史卡吉羅，《建立高 EQ 的教會》，美國麥種傳道會。

5. 創世記三章 5 節。

6. 哥林多前書十三章 9 節。

7. 何西阿書四章 6 節

8. 雅各書四章 14 節。（英文採 MSG 版聖經）

9. 約翰福音二十一章 22 節。

10. 在他自己的 podcast《The Emotionally Healthy Leader》說過這句話，而我從來沒有錯過這個 podcast 的任何一集。Peter Scazzero, "Six Marks of a Church Culture That Deeply Changes Lives: Part 1," March 5, 2019, www.emotionallyhealthy.org/podcast/detail/Six-Marks-of-a-Church-Culture-that-Deeply-Changes-Lives:-Part-1.

11. 馬太福音五章 3 節。

12. 馬太福音五章至七章。

13. Anne Lamott, *Operating Instructions: A Journal of My Son's First Year* (New York: Anchor, 2005), 84–85，中文版：安妮‧拉摩特，《幽默與勇氣》，方智。

14. Henry David Thoreau, *Walden* (Edinburgh, UK: Black & White Classics, 2014), 51，中文版：梭羅，《湖濱散記》，時報文化。前幾章很精彩，然後就沒完沒了地談論樹木，我很喜歡樹，但是……

15. Philip Zimbardo, *The Demise of Guys: Why Boys Are Struggling and What We Can Do About It* (self-pub, Amazon Digital Services, 2012). Or read this simple summary of his research at Ashley Lutz, "Porn and Video Games Are Ruining the Next Generation of American Men," Business Insider, June 1, 2012, www.businessinsider.com/the-demise-of-guys-by-philip-zimbardo-2012-5.

16. This quote and the previous stats are from Charles Chu's excellent article on Medium, "The Simple Truth Behind Reading 200 Books a Year," January 6, 2017, https://medium.com/s/story/the-simple-truth-behind-reading-200-books-a-year-1767cb03af20. 有趣的事實：如果一個人以每年平均花在社交媒體和電視 3442.5 小時來閱讀的話，那麼每年可以讀超過 1600 本書。純粹分享。

17. 以弗所書五章 15-16 節。（英文採 ESV 版聖經）

18. 這些翻譯分別取材自不同聖經版本，包括：欽定本、和合本和信息本。（英文採 KJV 版、NIV 版和 MSG 版聖經）

輕省負軛的秘訣

1. 約翰福音十章 10 節。
2. 羅馬書第一章 16 節。
3. 馬太福音四章 19 節。
4. 馬太福音十一章 28-30 節，現代標點和合本。
5. Anne Helen Petersen, "How Millennials Became the Burnout Generation," BuzzFeed, January 5, 2019, https://www.buzzfeednews.com/article/annehelenpetersen/millennials-burnout-generation-debt-work.
6. Dallas Willard, *The Spirit of the Disciplines: Understanding How God Changes Lives* (New York: HarperCollins, 1988), 5，中文版：達拉斯‧魏樂德，《靈性操練真諦》，校園出版社。這本書很棒，我經常反覆閱讀它。
7. Eugene H. Peterson, *The Jesus Way: A Conversation on the Ways That Jesus Is the Way* (Grand Rapids, MI: Eerdmans, 2007), 4，中文版：尤金‧畢德生，《耶穌的道路》，校園出版社。光是開頭第一章就值回票價了。
8. Frederick Dale Bruner, Matthew: *A Commentary, Volume 1: The Christbook, Matthew 1–12* (Grand Rapids, MI: Eerdmans, 2004), 538，布魯納的評論是傑作。
9. John Ortberg, *Soul Keeping: Caring for the Most Important Part of You* (Grand Rapids, MI: Zondervan, 2014)，中文版：約翰‧奧伯格，《心靈守護者》，道聲。這句話是出自於這本書，但比原本的還更好。

我們真正在談的其實是生活規則

1. 約翰福音十一章 6-7 節。
2. 馬可福音五章 23 節。（英文採 ESV 版聖經）
3. 馬可福音五章 24-34 節。
4. Richard A. Swenson, *Margin: Restoring Emotional, Physical, Financial, and Time Reserves to Overloaded Lives* (Colorado Springs: NavPress, 2004), 6.
5. 馬太福音十一章 30 節。（英文採 MSG 版聖經）
6. 約翰福音十五章 1-8 節。（英文採 ESV 版聖經）
7. 馬太福音六章 33 節。（英文採 ESV 版聖經）

中場休息：等一等，屬靈紀律，再說一次？

1. 宗教改革犯了一些錯誤：恩典和自我努力是相對立的；律法和行為指的是一般意義上的自我努力，而非更具體地指猶太律法；將好行為重新定義為惡行。改革者做了許多正確的事，我為此深表感激，然而有許多還未完成的事，多到足以寫成另一本書了。
2. 馬太福音五章 19 節；七章 24 節。
3. 哥林多前書九章 24-27 節。
4. Dallas Willard, *The Spirit of the Disciplines: Understanding How God Changes Lives* (New York: HarperCollins, 1988), 68，中文版：達拉斯・魏樂德，《靈性操練真諦》，校園出版社。這是我在這個主題所找到最好的書。

靜默和獨處

1. Kevin McSpadden, "You Now Have a Shorter Attention Span Than a Goldfish," *Time*, May 14, 2015, http://time.com/3858309/attention-spans-goldfish.
2. Andrew Sullivan, "I Used to Be a Human Being," *New York Times Magazine*, September 19, 2016, http://nymag.com/intelligencer/2016/09/andrew-sullivan-my-distraction-sickness-and-yours.html.
3. Ronald Rolheiser, *The Holy Longing: The Search for a Christian Spirituality* (New York: Random House, 2014), 32.
4. 馬太福音三章 17 節。
5. 馬太福音四章 1-3 節。
6. 馬可福音一章 35 節。
7. 馬可福音一章 36-37 節，當代譯本。
8. 好吧，所以我不是尤金・畢德生。
9. 馬可福音一章 38 節。
10. 馬可福音六章 31 節。
11. 馬可福音六章 31 節。
12. 馬可福音六章 32 節。
13. 馬可福音六章 33-35 節，當代譯本。
14. 馬可福音六章 45-47 節。
15. 路加福音五章 15-16 節，當代譯本。
16. 參見他的詩 "Entering into Joy"。
17. Saint John Climacus, *The Ladder of Divine Ascent* (London: Faber & Faber, 1959), 135，中文版：約翰・克立馬科斯，《神聖攀登的天梯》，道風書社。

18. Here's the full quote from The Screwtape Letters by C. S. Lewis (remember, this is a demon writing, so everything is flipped): "Music and silence—how I detest them both! How thankful we should be that ever since Our Father entered Hell—though longer ago than humans, reckoning in light years, could express—no square inch of infernal space and no moment of infernal time has been surrendered to either of those abominable forces, but all has been occupied by Noise—Noise, the grand dynamism, the audible expression of all that is exultant, ruthless, and virile—Noise which alone defends us from silly qualms, despairing scruples and impossible desires. We will make the whole universe a noise in the end. We have already made great strides in this direction as regards the Earth. The melodies and silences of Heaven will be shouted down in the end. But I admit we are not yet loud enough, or anything like it. Research is in progress."

19. Richard J. Foster, *Celebration of Discipline: The Path to Spiritual Growth* (New York: HarperCollins, 1998), 96，中文版：傅士德，《靈命操練禮讚》，基道出版社。

20. 這裡有個例外是十字若望（John of the Cross）和其他人所說的「心靈的黑夜」，意即即便我們操練了所有的屬靈紀律，仍感覺不到上帝同在的時候。如果你身處在這樣的黑夜，不妨閱讀十字若望的《兩種心靈的黑夜》。或者你可以閱讀這本書：Gerald May, *The Dark Night of the Soul: A Psychiatrist Explores the Connection Between Darkness and Spiritual Growth* (New York: HarperCollins, 2004)。這本是關於十字若望的書，在我的黑夜裡，我發現這本書對我來說更有幫助。

21. Henri Nouwen, *Making All Things New: An Invitation to the Spiritual Life* (New York: HarperCollins, 1981), 69, 71，中文版：盧雲，《新造的人》，基道出版社。他在書中誠實道出靜默和獨處的應許和困難之處，極為傑出。

22. Henri Nouwen, *Spiritual Direction: Wisdom for the Long Walk of Faith* (New York: HarperOne, 2006), 5，中文版：盧雲，《躺臥在青草地上》，宗教教育中心。

23. 馬可福音六章 31 節。（英文採 ESV 版聖經）

24. 約翰福音八章 31 節。（英文採 ESV 版聖經）

25. Thomas R. Kelly, *A Testament of Devotion* (New York: HarperCollins, 1992), 100，湯瑪斯・祈里，《內在的光》，校園出版社。

26. Sullivan, "I Used to Be a Human Being."

安息日

1. 傳道書一章 8 節。（英文採 ESV 版聖經）

2. That would be our friend Mick Jagger singing for the Rolling Stones, "(I Can't Get No) Satisfaction," 1965.

3. Karl Rahner, *Servants of the Lord* (New York: Herder and Herder, 1968), 152.

4. Saint Augustine of Hippo, *The Confessions of Saint Augustine* (New York: Doubleday, 1960), 43，中文版：聖奧古斯丁，《懺悔錄》，光啟文化。

5. Dallas Willard, *Life Without Lack: Living in the Fullness of Psalm 23* (Nashville: Nelson, 2018)。這是他最新的書（在他過世後出版），取材自他在教會的一系列講道。這本書比他的其他書更易讀，去年我讀了三遍，很棒的一本書。

6. Wayne Muller, *Sabbath: Restoring the Sacred Rhythm of Rest* (New York: Bantam, 1999), 10.

7. 希伯來書四章 11 節。

8. Walter Brueggemann, *Sabbath as Resistance: Saying No to the Culture of Now* (Louisville, KY: Westminster John Knox Press, 2014), 107，中文版：華特・布魯格曼，《安息有時：重尋安息真義，抗衡當代文化》，基督教文藝出版社。

9. 馬可福音二章 27 節。

10. 除非你是復臨安息日會基督徒，或是屬於少數幾個重視安息日的西方教派。

11. A. J. Swoboda, *Subversive Sabbath: The Surprising Power of Rest in a Nonstop World* (Grand Rapids, MI: Brazos, 2018), 5，司沃博達的書中我最喜歡的一本，也是關於安息日這個主題我最喜歡的書之一。

12. 對於那些為「六天」而嚇壞的人，推薦這兩本書：John H. Walton, *The Lost World of Genesis One: Ancient Cosmology and the Origins Debate* (Downers Grove, IL: InterVarsity, 2009); John H. Sailhamer, *Genesis Unbound: A Provocative New Look at the Creation Account* (Colorado Springs: Dawson Media, 1996)，我最喜歡的兩本關於辯論安息日的書。

13. 創世記二章 2-3 節。

14. Swoboda, *Subversive Sabbath*, 11.

15. Bob Sullivan, "Memo to Work Martyrs: Long Hours Make You Less Productive," CNBC, January 26, 2015, https://www.cnbc.com/2015/01/26/working-more-than-50-hours-makes-you-less-productive.html.

16. Dan Allender, *Sabbath* (Nashville: Thomas Nelson, 2009), 4–5.

17. 創世記一章 22 節。（英文採 ESV 版聖經）

18. 創世記一章 28 節。（英文採 ESV 版聖經）

19. Ryan Buxton, "What Seventh-Day Adventists Get Right That Lengthens Their Life Expectancy," *HuffPost,* July 31, 2014, www.huffingtonpost.com/

2014/07/31/seventh-day-adventists-life-expectancy_n_5638098.html.

20. 另一個趣聞：據說在俄勒岡小道上安息的拓荒者，比那些沒有安息的人更早抵達目的地。

21. 出埃及記十九章 6 節。

22. 出埃及記二十章 8 節。

23. 出埃及記二十章 9-10 節。

24. Eugene H. Peterson, *The Pastor: A Memoir* (New York: HarperOne, 2011), 220，中文版：尤金‧畢德生，《牧者的翱翔》，校園出版社。他的所有書中我最喜歡的一本。

25. 出埃及記二十章 11 節，環球聖經譯本。我省略了中間的部分，原本的命令其實更長。

26. 申命記第五章 12-14 節，聖經新譯本。大部分的內容大多是受布魯格曼的「安息日是一種反抗」啟發，非常傑出的論點。

27. 申命記五章 15 節。

28. 出埃及記一章 11 節。

29. Alexander Harris, "U.S. Self-Storage Industry Statistics," SpareFoot, December 19, 2018, https://sparefoot.com/self-storage/news/1432-self-storage-industry-statistics. These stats are from 2018 and are projected to rise.

30. Jon McCallem, "The Self-Storage Self," *New York Times Magazine*, September 2, 2009, https://nytimes.com/2009/09/06/magazine/06self-storage-t.html.

31. 這是廣為流傳的數據，因為它難以追蹤的緣故所以有很大的爭議，這裡有一份合法的研究，實際上將數據提高到四千萬："Global Estimates of Modern Slavery," International Labour Organization and Walk Free Foundation, 2017, 5, https://www.ilo.org/wcmsp5/groups/public/@dgreports/@dcomm/documents/publication/wcms_575479.pdf.

32. "Global Wealth Pyramid: Decreased Base," Credit Suisse Research Institute, December 1, 2018, www.credit-suisse.com/corporate/en/articles/news-and-expertise/global-wealth-pyramid-decreased-base-201801.html.

33. Brueggemann, *Sabbath as Resistance*, 101，中文版：華特‧布魯格曼，《安息有時：重尋安息真義，抗衡當代文化》，基督教文藝出版社。

34. 詩篇二十三章 1 節。

35. Ronald Rolheiser, *Forgotten Among the Lilies: Learning to Love Beyond Our Fears* (New York: Doubleday, 2004), 16，中文版：榮‧羅海瑟，《不安的靈魂》，光啟文化。

36. Ronald Rolheiser, *The Shattered Lantern: Rediscovering a Felt Presence of God* (New York: Crossroad, 2005)，中文版：榮・羅海瑟，《四碎之燈》，光啟文化。坦白說，這是我自己寫的。焦躁不安是羅海瑟寫作的主要主題，但第二句話取自我最喜歡他的一本書。

37. Brueggemann, *Sabbath as Resistance*, 107，中文版：華特・布魯格曼，《安息有時：重尋安息真義，抗衡當代文化》，基督教文藝出版社。

簡樸

1. 路加福音十二章 15 節。

2. 延續相同教導：路加福音十二章 33 節。

3. 馬太福音六章 25、33 節。

4. 馬可福音四章 19 節。

5. 馬太福音十九章 24 節。

6. 提摩太前書六章 19 節。

7. 他經常使用這個表達，但他最知名的著作是：Jean Baudrillard, *Simulacra and Simulation: The Body, in Theory: Histories of Cultural Materialism* (Ann Arbor, MI: University of Michigan Press, 1994)，中文版：尚・布希亞，《擬仿物與擬像》，時報文化。

8. 馬太福音六章 24 節；好吧，我承認這裡對聖經的引用並不嚴謹。新國際版（NIV）翻譯為金錢（money），而較舊的版本才有瑪門（mammon）一詞。

9. Jeremy Lent, *The Patterning Instinct: A Cultural History of Humanity's Search for Meaning* (New York: Prometheus Books, 2017), 380，這是目前常見的計畫性汰舊換新概念的起點，也是你為什麼每年秋天都想換一款新 iPhone 的緣故。

10. Wayne Muller, *Sabbath: Finding Rest, Renewal, and Delight in Our Busy Lives* (New York: Bantam, 2000), 130，而我是從亞當・柯提斯（Adam Curtis）導演在英國 BBC 廣播公司 2002 年《自我的世紀》（The Century of the Self）紀錄片中看到了這段話，以及考德里克（Cowdrick）的那段話。你可以在 YouTube 上免費觀看，https://youtube.com/watch?time_continue=9&v=eJ3RzGoQC4s。

11. Margot Alder, NPR, "Behind the Ever-Expanding American Dream House," NPR, July 4, 2006, www.npr.org/templates/story/story.php?storyId=5525283.

12. President George W. Bush on October 11, 2001, "Bush Shopping Quote," C-SPAN video clip, www.c-span.org/video/?c4552776/bush-shopping-quote.

13. 以 Google 關鍵詞搜尋「advertising in the 1800s」，就能找到這些廣告。

14. 想要了解他的故事，請參考：Edward Bernays, *Propaganda* (Morrisville, NC: Lulu, 2017)，中文版：愛德華・伯內斯，《宣傳學》，麥田。或觀看英國 BBC

廣播公司記錄片《自我的世紀》（The Century of Self）。

15. Bernays, *Propaganda*, 1.

16. 據說是 4000 則，但很難確定，因為每個人用來看電視和滑手機的時間各不相同。參見：Bryce Sanders, "Do We Really See 4,000 Ads a Day?" *The Business Journals*, September 1, 2017, www.bizjournals.com/bizjournals/how-to/marketing/2017/09/do-we-really-see-4-000-ads-a-day.html，但無論確切數字是多少，這數字都高得驚人。

17. Mark Twain, *More Maxims of Mark* (Privately printed, 1927).

18. Gregg Easterbrook, *The Progress Paradox: How Life Gets Better While People Feel Worse* (New York: Random House, 2003), 163.

19. 提摩太前書六章 8 節。

20. Jennifer Robison, "Happiness Is Love—and $75,000," Gallup, November 17, 2011, http://news.gallup.com/businessjournal/150671/happiness-is-love-and-75k.aspx.

21. Richard J. Foster, *Freedom of Simplicity: Finding Harmony in a Complex World* (New York: HarperOne, 2005), 215，中文版：傅士德，《返璞歸自由》（2011 增修本）或《簡樸生活真諦》（1987 年中文本初版），均由香港基督徒學生福音團契（FES）出版。

22. John de Graaf, David Wann, and Thomas Naylor, *Affluenza: How Overconsumption Is Killing Us—and How to Fight Back* (San Francisco: Berrett-Koehler, 2014)，中文版：約翰・葛拉夫／大衛・汪／湯姆斯・奈勒，《告別富裕流感》，立緒文化。據我個人所知，富裕流感（affluenza）這個名詞早在 1954 年就有人使用，後因美國公共電視台（PBS）1997 年的同名紀錄片而獲得廣泛關注。想要更多了解這段紀錄片的更多訊息，請參考 PBS 網頁連結：https://pbs.org/kcts/affluenza。

23. 詩篇三十九篇 6 節，現代中文譯本。

24. Alan Fadling, *An Unhurried Life: Following Jesus' Rhythms of Work and Rest* (Downers Grove, IL: InterVarsity Press, 2013), 48。我在完成本書初稿後，才湊巧發現這本書。讀後不禁撫掌大笑，感覺英雄所見略同，只是他更有智慧、寫得更好。如果你對我這本書感到共鳴，我鼓勵你接下來閱讀法德林這本書。

25. 再次引用 Thomas R. Kelly, *A Testament of Devotion* (New York: HarperCollins, 1992)，中文版：湯瑪斯・祈里，《內在的光》，校園出版社。

26. Dallas Willard, *Knowing Christ Today: Why We Can Trust Spiritual Knowledge* (New York: Harper-One, 2009)，中文版：達拉斯・魏樂德，《我們怎麼知道上帝存在？》，校園出版社。關於文化中道德和靈性知識的消失，這是一本精彩好書。書中討論到在我們的文化中，道德和靈性是如何從「知」的領域，轉

跟耶穌學安靜

變成意見和感受領域的東西，而且這種世俗對現實的觀點失真得有多麼離譜。

27. 使徒行傳二十章 35 節。

28. 馬太福音六章 24 節。

29. 路加福音十二章 15 節。

30. Chuck Palahniuk, *Fight Club* (New York: Norton, 1996)，中文版：恰克‧帕拉尼克，《鬥陣俱樂部》，麥田。我知道這本書鄉土而粗俗，但由於作者同為波特蘭市人，而且是我讀過最精彩的好書之一，所以這讓我在某種程度上接受了這樣的語言。但它翻拍成的電影，我倒是一次也沒看過。

31. 馬太福音六章 19-21 節。

32. 馬太福音六章 22-23 節。

33. 馬太福音六章 24 節。

34. Richard Rohr, *Adam's Return: The Five Promises of Male Initiation* (New York: Crossroad, 2016).

35. 馬太福音六章 25 節。

36. Marie Kondo, *The Life-Changing Magic of Tidying Up: The Japanese Art of Decluttering and Organizing* (Berkeley: Ten Speed Press, 2014)，中文版：近藤麻理惠，《怦然心動的人生整理魔法》，方智。其實我並不反對整理術。我讀了近藤麻理惠的《怦然心動的人生整理魔法》，再加上數百萬美國人櫥櫃中裝滿太多亂七八糟的東西，所以我很喜歡本書。雖然其中頗有極簡主義色彩，但並不屬於極簡主義，而是整理術。

37. Joshua Becker, *Clutterfree with Kids: Change Your Thinking, Discover New Habits, Free Your Home* (2014), 31.

38. Richard J. Foster, *Freedom of Simplicity: Finding Harmony in a Complex World* (New York: HarperOne, 2005), 8，中文版：傅士德，《返璞歸自由》（2011 增修本）或《簡樸生活真諦》（1987 年中文本初版），均由香港基督徒學生福音團契（FES）出版。

39. Mark Scandrette, *Free: Spending Your Time and Money on What Matters Most* (Downers Grove, IL: InterVarsity Press, 2013), 37.

40. Henry David Thoreau, *Walden* (Edinburgh, UK: Black & White Classics, 2014), 51-52，中文版：梭羅，《湖濱散記》，時報文化。

41. C. F. Kelley, *The Spiritual Maxims of St. Francis de Sales* (Harlow, UK: Longmans, Green, 1954).

42. 同樣出於極簡主義書籍。Joshua Fields Millburn and Ryan Nicodemus, *Essential: Essays by the Minimalists* (Missoula, MT: Asymmetrical, 2015)，中文版：約書亞‧菲爾茲‧密爾本／萊恩‧尼克迪穆，《簡單，給我們的禮物》，如果。

43. Marie Kondo, *Spark Joy: An Illustrated Master Class on the Art of Organizing and Tidying Up* (Berkeley: Ten Speed Press, 2016)，中文版：近藤麻理惠，《怦然心動的人生整理魔法2》，方智。

44. Joshua Becker, *The More of Less: Finding the Life You Want Under Everything You Own* (Colorado Springs, CO: WaterBrook, 2016), 87，中文版：約書亞‧貝克，《擁有越少，越幸福》，商周。

45. Annalyn Censky, "Americans Make Up Half of the World's Richest 1%," CNNMoney, January 1, 2012, https://money.cnn.com/2012/01/04/news/economy/world_richest/index.htm.

46. 提摩太前書六章 17-19 節，當代聖經譯本。我發現這句聖經很值得記住，或至少寫在紙上，貼在你經常能夠看到的地方。

47. 路加福音八章 1-3 節。

48. 馬太福音十一章 19 節。

49. 約翰福音十九章 23 節。

50. Foster, *Freedom of Simplicity*, 58.

51. 以馬太福音五到七章為例，整段《登山寶訓》中，耶穌每一項教導的最後都有一個練習——把禮物留在祭壇前，先去與人和好（五章 24 節），陪著羅馬士兵多走一里路（41 節），禁食的時候，要梳頭洗臉（六章 17 節），諸如此類。

52. Robynne Boyd, "One Footprint at a Time," *Scientific American*(blog), July 14, 2011, https://blogs.scientificamerican.com/plugged-in/httpblogsscientificamericancomplugged-in20110714one-footprint-at-a-time/.

53. 關於這些統計數據以及相關議題，請觀賞：*The True Cost*, Life Is My Movie Entertainment, 2015, https://truecostmovie.com。我們教會主辦過這部影片的放映會，人們對這個社會正義領域的認識，仍有待加強。

54. William Morris, *William Morris on Art and Socialism* (North Chelmsford, MA: Courier Corporation, 1999), 53.

55. 引用德爾圖良（Tertullian）的話，以及「你們羅馬人除了妻子之外，別無任何共同之處」。多麼令人吃驚的說法。

56. Mark Scandrette, *Free: Spending Your Time and Money on What Matters Most* (Downers Grove, IL: InterVarsity Press, 2013)，這本書是我所能找到最明確出於基督徒的觀點，也是將本章的想法付諸實踐的非凡資源。

57. 傳道書二章 24 節。（英文採 NIV 版聖經）

58. Richard J. Foster, *Celebration of Discipline: The Path to Spiritual Growth* (San Francisco: HarperCollins, 1998), 92，中文版：傅士德，《靈命操練禮讚》，基道出版社。發現我做了什麼嗎？我在這一章中多次引用傅士德的話，因此我必須混合起來並稱他為 Quaker（因上帝而震顫的人），免得你發現我一再引

用同一位智者的話語。

59. 再次引用傅士德《返璞歸自由》（英文版第 72 頁）。去找一本來讀吧！

60. Dallas Willard, *The Great Omission: Reclaiming Jesus's Essential Teachings on Discipleship* (New York: HarperCollins, 2006)，中文版：達拉斯・魏樂德，《大使命與大抗命》，校園出版社。借用書中的概念。這本書充分介紹了魏樂德的許多想法。如果你不常閱讀，這是他最薄的一本書。

61. 腓立比書四章 13 節。（英文採 ESV 版聖經）

62. 腓立比書四章 11-12 節。

63. Arthur M. Schlesinger, *The Cycles of American History* (New York: Houghton Mifflin Harcourt, 1999), 2.

64. 從傳道書一章 14 節開始，捕風的說法貫穿這整卷書。

放慢步調

1. 澄清一下，在靈性之旅中，隨性和彈性的確是健康而具有某種助益的，尤其隨著年齡的增長。希望有朝一日能有一本書，寫著關於靈性的主動和被動、人的下半生，以及衰老。而盧雲（Henri Nouwen）對成熟的定義則是「被引導到你不願去的地方」。Henri Nouwen, *In the Name of Jesus: Reflections on Christian Leadership* (New York: Crossroad, 1989)，中文版：《奉耶穌的名》，基道。

2. Jane McGonigal, *SuperBetter: The Power of Living Gamefully* (New York: Penguin, 2016)，中文版：珍・麥高尼格，《超級好！用遊戲打倒生命裡的壞東西》，先覺。文中的譯詞為英文版原意。

3. David Zach as quoted Richard A. Swenson, in *Margin: Restoring Emotional, Physical, Financial, and Time Reserves to Overloaded Lives* (Colorado Springs, CO: NavPress, 2004), 112.

4. 讓我們開始一項社會運動吧？不需要貼文和 hashtag（標記），只需要你下一次在茶水間聊天時，說出「我正在進行放慢的屬靈操練」。

5. John Ortberg, *The Life You've Always Wanted: Spiritual Disciplines for Ordinary People* (Grand Rapids, MI: Zondervan, 2002), 83. 中文版：約翰・奧伯格，《十個改變生命的屬靈操練》，道聲。

6. 耶穌在馬太福音六章中教導屬靈操練時，祂明確提到三件事：禱告、禁食和賙濟窮人──這是大多數第一世紀的拉比所教導三個核心屬靈操練。

7. 詩篇三十四章 8 節。

8. Jake Knapp, "My Year with a Distraction-Free iPhone (and How to Start Your Own Experiment)," Time Dorks, August 30, 2014, https://medium.com/time-dorks/my-year-with-a-distraction-free-iphone-and-how-to-start-your-own-experiment-6ff74a0e7a50，雖然過時了但值得一讀。

9. Meena Hart Duerson, "We're Addicted to Our Phones: 84% Worldwide Say They Couldn't Go a Single Day Without Their Mobile Device in Their Hand," *New York Daily News*, August 16, 2012, www.nydailynews.com/life-style/addicted-phones-84-worldwide-couldn-single-day-mobile-device-hand-article-1.1137811; Mary Gorges, "90 percent of young people wake up with their smartphones," Ragan, December 21, 2012, www.ragan.com/90-percent-of-young-people-wake-up-with-their-smartphones.

10. John Koblin, "How Much Do We Love TV? Let Us Count the Ways," *New York Times*, June 30, 2016, www.nytimes.com/2016/07/01/business/media/nielsen-survey-media-viewing.html.

11. 同上。

12. Rina Raphael, "Netflix CEO Reed Hastings: Sleep Is Our Competition," Fast Company, November 6, 2017, www.fastcompany.com/40491939/netflix-ceo-reed-hastings-sleep-is-our-competition.

13. Byung-Chul Han, *The Burnout Society* (Stanford: Stanford University Press, 2015), 12-13，中文版：韓炳哲，《倦怠社會》，大塊文化。

14. Walter Brueggemann, *Sabbath as Resistance: Saying No to the Culture of Now* (Louisville, KY: Westminster John Knox Press, 2014), 67，中文版：華特・布魯格曼，《安息有時：重尋安息真義，抗衡當代文化》，基督教文藝出版社。

15. 出自蘇格拉底。

16. John Mark Comer, "Silence & Solitude: Part 1, The Basics," Practicing the Way, https://practicingtheway.org/silence-solitude/week-one.

17. Timothy Keller, *Prayer: Experiencing Awe and Intimacy with God* (New York: Dutton, 2014), 147，中文版：提摩太・凱勒，《禱告解密》，希望之聲。

18. Marilyn Gardner, "The Ascent of Hours on the Job," *Christian Science Monitor*, May 5, 2005, www.csmonitor.com/2005/0502/p14s01-wmgn.html.

19. Sima Shakeri, "8 Days Is The Perfect Vacation Length, Study Says," *Huffpost*, September 17, 2017, www.huffingtonpost.ca/2017/09/15/8-days-is-the 286-perfect-vacation-length-study-says_a_23211082.

尾聲：平靜的生活

1. 這句話原本出自於神學家萊因霍爾德・尼布爾（Reinhold Niebuhr）的「寧靜禱文」（Serenity Prayer），後因戒酒無名會的使用而知名。取材自 "5 Timeless Truths from the Serenity Prayer That Offer Wisdom in the Modern Age," *HuffPost*, December 6, 2017, https://www.huffpost.com/entry/serenity-prayer-wisdom_n_4965139.

2. Brother Lawrence, *The Practice of the Presence of God* (Eastford, CT: Martino Fine Books, 2016)，中文版：勞倫斯，《與神同在》，台灣福音書房。

3. Frank Laubach, *Letters by a Modern Mystic* (Colorado Springs: Purposeful Design Publications, 2007), 15。這是我最喜歡的讀物之一，收錄了勞百赫日記和信件的四十五頁小冊子。值得你花點時間閱讀。

4. 魯益師的經典作品套書，總共七本著作，只有英文版：C. S. Lewis, *The Complete C. S. Lewis Signature Classics* (San Francisco: HarperOne, 2002), 155.

5. William Stafford, *Ask Me: 100 Essential Poems* (Minneapolis, MN: Graywolf Press, 2014).

6. 參見本章註釋 1。

7. 馬太福音五章 3-12 節的八福。這裡說的是：「……的人有福了！」而不是「當……會受到祝福。」

8. 詩篇二十三章 6 節。

9. Edward H. Friedman, *A Failure of Nerve: Leadership in the Age of the Quick Fix* (New York: Church Publishing, 2017), 247. 這一點在弗里德曼的書中多次提到。

10. 帖撒羅尼迦前書四章 11 節。（英文版採 NIV 聖經）

11. 位於俄亥俄州，米爾福德的耶穌會靈修中心（Jesuit Spiritual Center at Milford），官網：https://jesuitspiritualcenter.com/.

12. 提摩太後書四章 6-7 節。（英文版採 NIV 聖經）

13. John Ortberg, *Soul Keeping: Caring for the Most Important Part of You* (Grand Rapids, MI: Zondervan, 2014), 126，中文版：約翰‧奧伯格，《心靈守護者》，道聲。

14. 提摩太後書三章 13 節。

信仰講堂 10

跟耶穌學安靜：
戒除空虛的忙碌，活出輕省負軛的人生

作　　　者　約翰·馬克·寇默（John Mark Comer）
發　行　人　張家銘
譯　　　者　田育慈
責 任 編 輯　石宇涵
封 面 設 計　謝慶萱
內 文 版 型　與話有關有限公司 呂宜庭
內 文 排 版　呂琇雯
出 版 發 行　格子外面文化事業有限公司／(802) 高雄市苓雅區福德一路 56 號
　　　　　　電話：07-726 8399　傳真：07-726 8058
　　　　　　郵撥帳號：42236481 格子外面文化事業有限公司
　　　　　　電郵：osb@cncgp.com.tw
　　　　　　網址：www.osb.com.tw

香港總代理　道聲出版社／香港九龍油麻地窩打老道 50A 信義樓三樓
　　　　　　電話：(852)2388-7061　傳真：(852)2781-0413
　　　　　　電郵：taosheng@elchk.org.hk
　　　　　　網址：www.taosheng.org.hk

編　　　號　CM019
定　　　價　NT360
出 版 日 期　2022 年 11 月，初版
再 版 年 份　26 25 24 23 22
再 版 刷 次　15 14 13 12 11 10 09 08 07 06 05 04 03 02 01
I S B N　978-626-96724-0-0

跟耶穌學安靜：戒除空虛的忙碌，活出輕省負軛的人生／約翰.馬
克.寇默 (John Mark Comer) 著；田育慈譯. -- 初版 . -- 高雄市：
格子外面文化事業有限公司 , 2022.11
　　面；　公分 . -- (信仰講堂；10)
　譯 自：The ruthless elimination of hurry : how to stay emotionally
healthy and spiritually alive in the chaos of the modern world
　ISBN 978-626-96724-0-0(平裝)

1.CST: 基督徒 2.CST: 靈修

244.93　　　　　　　　　　　　　　　111016819

格子外面

寬廣無限

格子外面

寬廣無限